現代佛學叢書

學佛自在

傅偉勳 • 楊惠南主編／東大圖書公司

林世敏 著

國家圖書館出版品預行編目資料

學佛自在／林世敏著.－－初版二刷.－－臺北市；東
　大，民90
　　　面；　　公分－－(現代佛學叢書)
　ISBN 957－19－1927－6　(精裝)
　ISBN 957－19－1928－4　(平裝)

　　1.佛教－弘法

225.5　　　　　　　　　　　　　　　　　85000138

網路書店位址　http://www.sanmin.com.tw

ⓒ　學　佛　自　在

著作人　林世敏
發行人　劉仲文
著作財
產權人　東大圖書股份有限公司
　　　　臺北市復興北路三八六號
發行所　東大圖書股份有限公司
　　　　地址／臺北市復興北路三八六號
　　　　電話／二五〇〇六六〇〇
　　　　郵撥／〇一〇七一七五──〇號
印刷所　東大圖書股份有限公司
門市部　復北店／臺北市復興北路三八六號
　　　　重南店／臺北市重慶南路一段六十一號
初版一刷　中華民國八十五年二月
初版二刷　中華民國九十年二月
　編　號　E 22042
　基本定價　參元肆角
行政院新聞局登記證局版臺業字第〇一九七號

ISBN　957－19－1928－4　(平裝)

《現代佛學叢書》總序

　　本叢書因東大圖書公司董事長劉振強先生授意，由偉勳與惠南共同主編，負責策劃、邀稿與審訂。我們的籌劃旨趣，是在現代化佛教啓蒙教育的推進、佛教知識的普及化，以及現代化佛學研究水平的逐步提高。本叢書所收各書，可供一般讀者、佛教信徒、大小寺院、佛教研究所，以及各地學術機構與圖書館兼具可讀性與啓蒙性的基本佛學閱讀材料。

　　本叢書分爲兩大類。第一類包括佛經入門、佛教常識、現代佛教、古今重要佛教人物等項，乃係專爲一般讀者與佛教信徒設計的普及性啓蒙用書，内容力求平易而有風趣，並以淺顯通順的現代白話文體表達。第二類較具學術性分量，除一般讀者之外亦可提供各地學術機構或佛教研究所適宜有益的現代式佛學教材。計劃中的第二類用書，包括(1)經論研究或現代譯注，(2)專題、專論、專科研究，(3)佛教語文研究，(4)歷史研究，(5)外國佛學名著譯介，(6)外國佛學研究論著評介，(7)學術會議論文彙編等項，需有長時間逐步進行，配合普及性啓蒙

教育的推廣工作。我們衷心盼望，關注現代化佛學研究
與中國佛教未來發展的讀者與學者共同支持並協助本叢
書的完成。

傅偉勳、楊惠南

自　序

　　佛教，早年被視爲迂腐、落伍和迷信，近年來一掃昔日的沈鬱與陰霾，展現它活潑開朗、樂觀進取的面貌，令人一新耳目。

　　有些人忍不住會好奇地問：「佛教除舊布新、脫胎換骨的關鍵何在？」

　　我想這是近年來，許多深謀遠慮的有識之士，大力鼓吹、提倡：希望學佛人不要再拘泥於佛學名相，不要再束縛於儀規教條；要眞正從外在有形的表相，進入內在無形的佛學內涵。要把佛教關懷今生今世，憐憫斯土斯民的大慈大悲；也把佛法落實到利益婆娑有情的精神，進一步加以發揮、貫徹。因此，才能引起世人的注目，贏得世人的喝采，並使得佛教獲得起死回生的轉機。

　　佛教傳世兩千五百多年，當年千里迢迢從印度翻越白雪皚皚的喜馬拉雅山，度過黃沙滾滾的大戈壁，米到人地生疏的中土。其間歷經十餘朝代的無數高僧、大德，嘔心瀝血地弘揚傳播，終使佛法大行於天下。

　　然而，佛法號稱三藏十二部、八萬四千門─下根者

無從登堂入室；中根者亦僅能略嘗法味；唯有上根者具有大智，才能一窺究竟。試問：如此浩瀚壯闊、博大精深的佛法，沒有人加以融會貫通，作深入淺出的闡揚介紹，一般社會大眾終日爭逐名利，本身又欠缺慧根悟性，如何叫他們靜下心來探討真理？又如何指望他們能夠活得快樂自在？

今日的佛教，仍然存有注重虛偽排場；一味談玄說妙；炫耀神通感應；以及各據山頭，單打獨鬥的不正常現象。所以從表面上看，固然鑼鼓喧天，聲勢浩大，但是這些卻像無根的花草，縱使花團錦簇，終究難逃凋零枯萎的下場──一旦曲終人散，銷聲匿跡，徒然空留喧嘩熱鬧在人間。佛法的可貴處，不在它外表的莊嚴、繁複和神祕，而在於它的平凡、平淡和實用。因此，如何讓佛法深入人們生活的沃土，使之枝葉扶疏，進而開花結果，才是它的當務之急。

數十年的學佛生涯，我始終堅持的「學佛目的」是：「學佛人要透過智慧的觀照與賞玩，來品嘗生活的甜美，揭開生命的奧妙，讓天地萬物呈現它們可愛可親的真實面目；進而將自己的領悟，分享別人，照亮別人，使有緣眾生也都能活得逍遙自在。」

因此，本書就是自己學佛的一些小心得。不怕識者竊笑它的膚淺、幼稚，野人獻曝，作為自己真誠的回饋──感謝無數指導我的師友，他們曾把珍貴的佛法介紹給我，使我今生受益無窮。我飲水思源，雖極欲感恩圖

報，卻限於才學疏淺，只能方便權巧，將平日活學活用的方法，再次把它迴向給更多的有緣眾生。但願：個個學佛自在，人人法喜充滿。

世敏寫於臺灣‧高雄‧菩提園

一九九六年一月十日

學佛自在　目次

前　言

　　人從呱呱落地，日以繼夜在人生的旅途上奔馳，片刻也不得休歇。儘管這漫長的生之旅，有的人不必歷經狂風暴雨，也不必走過遍地荊棘；而且沿途鳥語花香，風光明媚，不過它的終點，無可避免的，卻都是人類永恆的歸宿——黃土一坏，長眠荒野。

　　蘇軾在〈念奴嬌〉詞中，就曾經發出這樣的感嘆：「大江東去浪淘盡，千古風流人物。」不但是升斗小民，在勞碌一生之後空無所有；就是威震四方的將相王侯，依然會被時光無情的浪濤所吞沒。

　　如果你不相信，請欣賞古今歷史的舞臺，所輪番上演的人生大戲：先看中國秦始皇的實力演出——建築綿亙千里的萬里長城，威風凜凜，不可一世。然而長城依舊存在，卻不見當年的秦始皇！再看西方亞歷山大的呼風喚雨——南征北伐，建立了橫跨歐、亞、非三洲的帝國，然而那偉大的帝業，像構築在沙灘上的城堡，雖是精雕細琢，巧奪天工，卻難逃無常潮汐的沖刷，因而坍塌毀壞，未曾留下任何痕跡；而當年叱咤風雲的亞歷山

大，屍骨也早已化爲塵土，無處尋覓了！至於建立蒙古大帝國的成吉思汗，生前又是何等的威武豪壯！功業又是何等的顯赫彪炳！然而一統世界的日子尚未來到，他就病死在黃沙滾滾的塞外荒漠，而他苦心擘劃的帝國版圖，不久也就分崩離析，進而灰飛煙滅。想一想：這怎不令人發出「壯志未酬身先死，常使英雄淚滿襟」的悲嘆呢？

撇開這些大人物、大功業不談，芸芸蒼生如同遍地的蟻螻，一生就爲塡飽肚子、遮蔽形體、免於受凍挨餓而奔忙。這些生物生存的本能，看似容易，其實艱難。不信的話，請聆聽來自全世界落後偏僻、烽火連天地區的聲音：多少苦難的人們，呻吟在飢寒交迫之下？多少悲慘的人民，哀號在水深火熱之中？如果你再投以關注的一瞥，你就會爲之怵目驚心：同樣活在這個世界的人——包括你我在內，竟然有三分之一以上，正處於吃不飽，也餓不死，營養不良的狀態；而爲數不少的非洲國家，像衣索比亞、烏干達等地的兒童，每隔三十秒就有一個因爲缺少食物、醫藥而死亡，這又是何等的慘絕人寰！

當然，看了以上的資訊，有很多人會爲自己生活在豐厚富足的天地而深自慶幸。問題是能夠免於飢餓、疾病的人們，卻不一定能夠逃避專制極權的統治，以及由於這種不合理的政治制度，所帶來的逼害。自古以來，那些暴君如同魔王一般，扭曲人性，戕害人的身心人格，

叫人求生不能，求死不得，活在這樣的世界，眞的有如人間的煉獄，使人思之不寒而慄！好，就算少數人眞有大福報，安常處順，能夠平平穩穩地過一輩子，卻也不能因此而遽下定論：他們必定是屬於得天獨厚的一群。爲什麼呢？因爲這些人大多數還是凡夫俗子，窮其一生，不是汲汲於功名利祿，就是戚戚於貧賤困頓；不是疑惑於宇宙的浩瀚無垠，就是迷茫於人世的瞬息萬變；不是爲親朋的離別而悲啼；就是爲世事的幻化如夢而太息。再說，這些人當中，又有多少人眞能掙脫情愛的枷鎖？眞能跳出無盡煩惱的深淵？

除此之外，地球上的人類，雖然人種不同，膚色亦異，他們彼此之間的智能有高有低，但是「生老病死」是他們共同吟唱的人生組曲。這人生的大樂章，雖有抑揚頓挫的不同節奏；也有獨唱、合唱的不同詮釋。不過，一旦樂音的嘎然而止，留下的必然是永恆的寂寥和落寞！

有些人看到這兒，心中難免暗生納悶：爲什麼非把人生形容得如此悲觀頹喪？爲什麼要把世人說得如此愚蠢無知？可別誤會嘞，上面所說的，只限於一般俗人的「人生概論」。他們忽略了自我的提昇、淨化、創造，以充實人生的內涵與生命的價值，因而迷迷糊糊地混日子，因此才白白地在人間走一回。如果有人不甘心過這種渾渾噩噩的生活，那麼本書的野人獻曝，就是專爲這些有志氣、有抱負、有智慧的人們，提供一條尋求身心安頓——祛除煩惱束縛，以獲得無礙解脫自在的道路。

但願您能靜下來慢慢閱讀，仔細體會，進而深入揣摩。或許您將會透過本書的指引與啟迪，因而恍然大悟，從此過著優閒自在的生活。

　　深切地祝福您！也誠摯地祝福您！

第一章　人生的煩惱與痛苦

常聽世人慨嘆：「人生不如意事，十有八九。」這些十之八九的不如意事，必然會帶給世人無盡的煩惱與痛苦。像春蠶一般，日夜不停地啃噬著身心的桑葉；也像蠟燭一樣，點點滴滴地燃燒著有限生命的油脂，而且非到耗盡最後的一點一滴，絕不會終止。

人生到底有那些煩惱與痛苦呢？依照佛學的分析與統計，「煩惱」號稱八萬四千，如果加以精簡濃縮，可以簡單地歸納成為「六種根本煩惱」——貪、嗔、癡、慢、疑、不正見。

以下，把這六種根本煩惱加以簡單的說明，先讓大家了解人類痛苦的根源所在：

1.貪：心存貪著，對欲望過分追求而不知足。

2.嗔：對於一切不順心的情境，心生憤怒。

3.癡：由於不明事理所產生的愚蠢與無知。

4.慢：由於自身才能的勝人一籌，因而產生傲慢與自大。

5.疑：對於真理的游移不決，不能堅信不疑。

6. **不正見**：由於思惟的不正確，因而對眞理產生錯誤的認知與見解。

不正見又包含有：身見、邊見、邪見、見取見、戒禁取見等五種。底下也逐項加以簡單解釋：

(1)**身見**：印度話叫「薩迦耶見」，又叫「我見」。「人」，明明是精神與物質的暫時聚合，是幻起而假有的。如果有人無知地認爲它是永恆存在的，這種錯誤的見解就叫身見或我見。

(2)**邊見**：又叫「邊執見」。就是掉落到「常」（永遠不變）或「斷」（一滅永滅）的偏激見解。執「常」的人以爲──人永遠是人，狗永遠是狗；富人永遠富有，窮人永遠貧窮。百千萬劫直到永恆，都是如此，一點兒也不會改變。執「斷」的人則以爲──人死如燈火的熄滅，死了永遠就不會再復活，也不會再有善惡輪迴的事。

(3)**邪見**：凡是主張沒有前生後世、沒有因果報應(行善不會得善報，作惡不會招惡報)、人世間沒有悟道證果的聖賢、沒有離苦得樂的佛法──總而言之，一切毀謗佛法、斷人善根，破壞善事的不正確知見，都可以叫邪見。

(4)**見取見**：牢牢執著前面的三種謬見而不肯放捨，還堅持它們都是正確的見解。

另外，「見取見」又叫「非果計果」──把自己修行得來不徹底的果報，錯以爲是究竟圓滿的涅槃（佛果）。當今世上那些自稱活佛、無上師的，都是屬於這類顚倒、

狂妄的錯覺。

(5)戒禁取見：因錯誤的見解，而固執地主張人要嚴守某些不正確、不合理的戒禁——像人不可以吃牛肉、狗肉，但可以吃其他動物的肉（這些人認爲只要守「牛戒」、「狗戒」就可以升天）。

另外，「戒禁取見」又叫「非因計因」——有些愚蠢的人以爲牛犬死後會升天，而牛生前吃草，狗吃屎，就以爲人也應該學著吃草吃屎，將來才能升天。這不是荒謬的見解嗎？其他像：用刀劍刺股、穿舌；裸身倒吊樹林間；用烈火自焚、跳崖自盡……都是錯把這些行爲，當作是離苦得樂的修行，以爲是自己成佛證果的「原因」。

除了以上所介紹的「六種根本煩惱」之外，唯識學上還舉出有二十種「隨煩惱」，包括：忿、恨、覆、惱、誑、諂、憍、害、嫉、慳、不信、懈怠、放逸、惛沈、掉舉、失正念、不正知、散亂等等。由於篇幅所限，所以暫不述及，讀者可以自行找參考書來看。

接著再來探討人生又有什麼樣的痛苦呢？佛學上說：「苦海無邊」。我們照樣可以把人生的「苦」加以精簡濃縮成八種——生、老、病、死、求不得、愛別離、怨憎會、五陰熾盛等苦。以下就是這八苦的簡介：

(1)生：生命的煩惱與痛苦，在人未出娘胎之前，就開始一段漫長的煎熬了（佛典比喻人在母胎，如囚牢獄）。所以地球上的萬千人類，都是伴著呱呱的哭聲來到人間的；有誰見過那一個嬰兒是哈哈大笑而降生的呢？

(2)**老**：年華老去，猶如日薄西山。此時「髮蒼蒼，視茫茫，齒牙動搖」，又「如少水魚，斯有何樂」呢？

(3)**病**：疾病纏身，終日呻吟，輾轉床側，自是苦不堪言。難怪《三國演義》中提到：神勇如張飛，也要聞病喪膽呢。

(4)**死**：死如生龜脫殼，疼痛難忍！加上不知死後將投生何處，所以內心更是恐懼不安。

(5)**求不得苦**：人對於自己所愛的人或物，苦心追求之後，不能如願以償，往往就會生出失落的惆悵和不得滿足的苦惱。

(6)**愛別離苦**：對於自己所深愛的親友，一旦生離死別，往往愛戀難捨。元朝關漢卿的〈送別〉，前面有幾句話，最能道出天下人的離別心聲：「自送別，心難捨，一點相思幾時絕？」

(7)**怨憎會苦**：「仇人相見，分外眼紅」。偏偏地球太小，仇人往往不經意地就會出現在眼前，叫人咬牙切齒，心中自然地燃起憎恨的火焰！

(8)**五陰熾盛苦**：五陰，就是組成生命的五種因素。包括物質的「色」（骨骼、血液、溫度、呼吸等），以及精神的「受」（感受）、「想」（回憶）、「行」（意志）、「識」（分別）等作用。這組成內外身心的五種因素，如果失調欠安，就會生病；一旦散離，就會死亡。它們像五把熾盛的火焰，時時地焚燒著眾生的身心，叫眾生不得安寧！

人生的煩惱、痛苦如此繁多，它們像彌天的大網，密密地覆蓋著我們的身心。如何才能掙脫？如何才能獲得自在呢？可千萬別盲作妄動，效法那飛蛾撲火，終至自取滅亡。佛法上說：「如是因，如是果。」快樂有快樂的因，痛苦有痛苦的因。所以既然有心離苦得樂，就不能不窮本溯源，去尋求離苦得樂的方法。無可否認的，離苦得樂的方法，見仁見智，必然不止一端，本書所介紹的，只是從佛法的範疇，來加以闡釋、發揮而已！掛一漏萬，在所難免，唯有深入經藏，才能夠一窺全豹。

第二章　佛的境界

　　前章介紹人的六種根本煩惱與八種主要痛苦，人若想解除這些煩惱與痛苦，「學佛」就不失為一條穩當可靠，而且可修可證的有效途徑。有些人乍聽之下，可能會一臉茫然，不明白為什麼要這麼說？多言無益，首先，我們來探討「佛」有什麼可以值得我們學習的地方？如果能確定佛的境界高人一籌，而佛的生活確實是自在無礙，那麼，「學佛」自然就值得大力提倡與推薦——藉以幫助有心過快樂自在生活的人們，為他們指陳一條可行的道路。

一、佛是覺悟眞理的眾生

　　佛，並不是生來就是大徹大悟的聖人，他是歷經千錘百鍊才成就的。歷史上的釋迦牟尼，就跟千千萬萬平凡的人類一樣，經由父母的結合而生，透過自己的努力學習而成為大智大能的人。年輕時，他雖貴為太子，並不沈湎於聲色犬馬；他潛心觀察、研究大自然與人事的

變化，用歸納、演繹等科學的方法，並且透過深入禪定的觀照與證悟，因而揭開了宇宙人生的真象。他是歷史上第一個經由自己的實驗、分析、嘗試、體會，徹底解除本身外在、內在身心煩惱與痛苦的人。

如此說來，佛，就是過來人，他是真正親身證悟「真理」（佛學上稱作：「如」）的人，所以我們才稱他叫：「佛」（覺悟者）或「如來」（體驗真理境界的過來人）。打個比方，如果把追求真理的過程，比做「登山」，人人都會承認：親自上山跑一趟的人，才能如實了知山上的風光和上山的路，他才能帶領成千上萬的登山客，選擇最安全、便捷的路；縱使在途中遇到狂風暴雪，他也能憑著豐富的經驗、知識和技術，化險為夷。因此，在學佛的登山路上，佛，就是值得我們信賴的好嚮導。

二、佛是悲智雙修的覺者

在佛法中，「菩薩」是正在努力貫徹「悲智雙修」的聖者，而佛就是把「悲智」的功夫磨鍊到爐火純青的人。悲與智為什麼須要齊頭並進？也須要同時達到登峰造極呢？道理很簡單：沒有洞明身心煩惱與痛苦的種類和原因，就不能確實有效地指導眾生避開煩惱和痛苦的煎熬；反過來說，沒有悲天憫人的胸襟，就不能對苦難的人間與苦難的人民懷抱悲情，就不會死心塌地去拯救眾生脫出苦海。

「悲智雙修」是怎麼樣的一種境界呢？簡單地說，就是感情與理智和諧地平衡。感情與理智如同鳥之雙翼，缺一不能飛行。只有兩者相輔相成，鳥兒才能自由自在地在藍空翱翔，一覽青山綠野的大地風光。

佛的理智圓熟精湛，沒有疑惑迷執，不再徬徨；佛的感情純淨澄明，心湖上不再掀起無明（愚蠢）的風浪。因此，佛的生活充滿著智慧的情趣，優閒自得。

三、佛是修行融入生活的聖者

人的生活中要有修行，才能袪除煩惱，潔淨身心，生活才會幸福快樂；而人的修行，不能離開生活，否則這種修行就不是生命之所需，也就不能為生活注入新的養分與活力，使人的生活因而獲得充實與完美了。

我們不妨回顧一下：兩千五百多年前，釋迦牟尼佛是如何過生活的？是如何將修行巧妙地融入生活中的；這裡要請大家看一段當年佛陀日常的托缽生活，藉此了解佛陀的自然平易與可親可近。《金剛經》一開頭就這麼描述：「爾時，世尊食時著衣、持缽，入舍衛大城。乞食，於其城中，次第乞已。還至本處，飯食訖。收衣缽，洗足已，敷座而坐。」

看到了嗎？佛陀在每天早上十點鐘以後，帶領自己的徒弟們，優閒自得地沿著恆河河岸緩緩前進。等到進入憍薩羅國的首都——舍衛大城，就會挨家挨戶——不

分貧富貴賤，以平等心來向人托缽。讓天下蒼生都有機會供養這位人天教主和出家的僧寶，能藉此廣結善緣，多植善根。

善男信女們除了可以瞻仰佛陀岸然的道貌，還可以提出各種問題來向佛陀以及聖徒們討教。佛陀和弟子們親切地為大家析疑解惑，為大家作懇摯的祝福，使得人們的心中充滿法喜。

托缽的隊伍回到「祇樹孤獨園」之後，大家懷著感恩的心，享用缽裡的食物。感恩，使人的心更祥和、更知足，也更謙卑，所以這餐飯吃起來，味道十足。

用餐之後，大家親自洗缽——就連佛陀自己也不假手他人。接著，把外出所穿的袈裟，也摺疊收拾好，再用清水洗洗腳，然後盤腿打坐，師生又聚精會神地開始談論佛法。

這一段文字的描述，雖然沒有飄飄天樂，也沒有霞光萬道，更沒有冉冉落下的曼陀羅花，但是它卻散發著佛法生活化的恬淡、閒適、香醇與甘美。尤其令人感動的是：一個真正解脫自在的悟道者，竟然捨棄用令人震懾的神通來教育學生，反而採用了平靜的化緣行列和平凡的洗缽洗腳，以及平常的無言說法，來展現覺者的風範和契入真理之境的風光。

生活與修行的水乳交融，就是佛親切可愛的地方。

第三章　學佛的眞義

佛教一向反對權威的盲從與偶像的崇拜，所以，拜佛只是佛教徒（對教主——老師）見賢思齊的自省與自勵。

佛在人間的生活一如常人，並無標新立異或故弄玄虛之處。一般人或許會誤以爲佛最令人羨慕讚美，最值得學習的地方是：會全身發光、會一葦渡江、會騰雲駕霧……，其實這並不正確。

底下，我們把學佛的眞義，簡單地加以敍述：

一、學佛在學習觀照賞玩生活

我們可以這麼說：「學佛是爲了快樂過生活。」或是：「學佛是爲了學習合情合理與自在無礙的生活。」再詳細而深入些來說：「學佛就是要透過智慧的觀照與賞玩，來品嚐生活的甜美，揭開生命的奧祕，讓宇宙萬法（森然羅列的萬象），呈現它們可愛的眞實面目。」

前面說過：佛陀最值得我們學習的地方在：他懂得

生活——懂得如何不浪費時間；懂得心無旁騖地專注在有意義的事物上；懂得不被五光十色的外物牽著鼻子走。每天有條不紊，規律而不刻板，快快樂樂地過心安理得的生活。

有些學佛人不能領悟到這層道理，以為學佛就是學：唸經、持咒、打坐、參禪；以為學佛就是要厭惡目前我們所居住的這一塊土地，朝思暮想，一心一意要早日「移民」到西方極樂世界去。於是，隨著時日的累積，這一群誤解佛法的人們鮮少有不成為社會上的「稀有動物」——變成人見人畏的「佛門怪物」！因為他們連人起碼的「生活」——如何過日子，都快遺忘了。試想：一個不懂得生活的人，如何能獲得自在、充實的心靈？如何能安然地度過他們的一生呢？

《莊子・秋水篇》有一段「邯鄲學步」的故事，比喻仿效他人，未能成就，反而失卻自己本來的面目。大意是說：趙國首都邯鄲的小孩子，自幼善於步行，個個走得四平八穩，顯得風度翩翩。所以，燕國的百姓就爭先恐後把自己的孩子送來趙國學走路。這些燕國的小孩子原本在國內走得輕鬆自然，沒想到來到趙國的邯鄲，卻老是學不會異國的步法，最後竟然狼狽到雙手匍匐在地——爬著回到燕國。

如果學佛的人也像燕國的小孩子，經過一番的「邯鄲學步」，最後連如何過自然而自在的生活都不會，反而處處礙手礙腳，與人格格不入，這樣的學佛，對人對己，

又有何裨益呢?

二、學佛是見賢思齊的提昇

　　佛與眾生，是師生的關係，而非主僕的階級對立。佛是個先知先覺——比一般眾生更早覺悟（發現）宇宙人生道理的聖者。佛教所謂的「度眾生」，並非一般人所想像的：把人從甲地救到乙地去；而是老師把道理（方法）告訴學生，讓學生藉助它來自我解決本身的疑難。

　　舉個例子來作補充說明：眾生想吃芒果，佛並不能像一般宗教的教主，可以變戲法般地「無中變有」——隨手賞賜芒果給他們。佛只能像老師一樣，教導眾生如何栽種芒果的方法——包括選種、播種、除草、施肥等等步驟和技巧，然後在眾生自己的努力工作下，自己種出了合乎自己口味的果實來。這就是學佛的主要意義和目的之一。

三、學佛是自我的開發與鍛鍊

　　佛雖是大覺者、大聖人；我雖是庸人、凡人，但「有為者亦若是」。因為眾生內心潛在的智慧與能力，一如覺悟的佛陀一樣，半點不缺，絲毫不少。

　　《華嚴經》上記載佛在悟道的當下，曾經驚喜地說：「奇哉！奇哉！大地的眾生都具有成佛的潛在智能，只

因為煩惱、執著，所以不能夠體證獲得。」

學佛並非匍匐在地的自卑自憐，而是挺起脊梁地昂首闊步。當年釋迦牟尼佛誕生在藍毘尼花園時，就以充滿信心的口氣，對天下人宣告：「宇宙之間，每一個人都是獨立自主的個體，人人都應該自我開發、自我創造，來完成自我的人格。」

別忘了：自我的完成，就是佛了。

學佛並非坐在地上，等待天降神恩，也並非等著神蹟出現──自己會莫名其妙地脫胎換骨，在一瞬間就超凡入聖。

學佛是一切都由自己來，既不仰仗他人，也不指望立竿見影。學佛是百年、千年，甚至百千萬劫的大業，唯有透過自己的恆心、毅力，不停地開發與鍛鍊，有一天才能與佛平起平坐，同佛一般地完美無缺。

第四章　自在的條件

　　如果有人這麼問:「學佛的目的何在?」暫時擱置前面第三章〈學佛的真義〉所提到的一些較為繁瑣的闡釋、說明,你也可以簡單地回答:「為了身心的自在。」又什麼叫「自在」呢? 就是:「身心的解脫無礙。」

　　「身心的解脫無礙」又是怎麼樣的一種境界呢? 它又必須具備那些條件才能達到這種境界呢? 底下就從這兩個問題來作概括性的說明:

一、具備智慧的觀照

　　《般若心經》說:「觀自在(觀世音)菩薩在磨鍊自己的『深湛智慧』,並以之作為一種渡過生死大海的方法,達到爐火純青的功力(境界)時,他就能夠運用這種智慧徹底地觀察到——組成眾生『生命現象』的各種物質與精神元素,都是虛幻不實的;所以人一旦不再執著這些,就不會盲目地為這個由元素所暫時聚合的『假我』,去煩憂、去占有,糊裡糊塗地去濫造罪業了。」

這觀自在菩薩所用來觀照的「智慧」,佛教稱它爲「般若」——是一種精湛的智慧,有別於一般世俗的聰明小慧。憑著小慧頂多只能在人間揚名立萬,卻不像「般若」的眞實智慧,能夠帶領眾生超越生死苦海。至於菩薩運用般若所觀察到的「各種組成生命現象的精神與物質元素」,指的又是什麼東西?爲什麼它們又全都是虛幻不實的呢?底下稍作簡略說明:

依照佛學的解釋,組成眾生生命現象的元素,一共有五種,包括:

1.有形(物質)方面的「色」——即組成肉體生命的四種元素。它們是(1)地:屬於物質的堅性,如骨頭、皮肉;(2)水:屬於物質的濕性,如血、汗、尿液;(3)火:屬於物質的暖性,如人體的體溫、熱能;(4)風:屬於物質的動性,如呼吸、運動等。

2.無形(精神)方面的:(1)受:領納、感受;(2)想:思惟、回想;(3)行:行爲、意志;(4)識:分別、認識。

仔細地想一想:人的生命旣然是由這五種元素的暫時組合,而這五種元素並沒有片刻是靜止不動的,那有絲毫的眞實存在呢?

底下,舉個例子來作說明:

看過中國的第二大河——黃河嗎?洶湧的河水,發源於青海巴顏喀喇山的北麓,一路浩浩蕩蕩地奔流,沿途沖刷、挾帶泥沙,經過甘肅、寧夏、陝西……等九大行省,在山東省出海。唐朝詩人李白就有這樣的詩句:

「君不見黃河之水天上來，奔流到海不復回。」然而仔細地分析一下，所謂的「黃河」，其實是日夜滾滾的波動水流，前水引後水，後水擁前水，那有「黃河」這種東西呢？

人的生命，不就像一條河嗎？日以繼夜，永不休歇地奔流。但是仔細研究起來：嬰兒時代不同於幼年，幼年也不同於青壯年，青壯年更不同於老年，至於死後的白骨一堆，又怎會跟生前的任何一個階段相同呢？

如果從另外的角度來觀察，人們也會發覺：生命，確實是瞬息不變的，前一秒和後一秒的感受、思想、意志、認識等作用，也迥然不同。有的人剛剛才因故嚎啕大哭，不久卻又莫名其妙地哈哈大笑。你說哭的是真實的他，那大笑的又是誰？有的人醒時生龍活虎，睡時卻是一條懶豬。你說醒的時候是他，那睡覺的又是何人呢？可別自欺欺人地說：「笑的、哭的都是他；醒的、睡的也是他。」一個「他」那會被切割得如此四分五裂呢？

生命，是各種因緣條件（元素）的組合，表面上有各種生命的現象，也似乎有活動的主體；但用心地詳加考究，立刻就會原形畢露：原來都是暫起幻有的。

懂了吧？那觀世音菩薩就是因為透過般若智慧的觀照，了解到宇宙生命的真相──都是無常無主的，所以他不執著貪求，能夠解除煩惱的束縛，因此才叫做「觀自在」的。

千萬記牢：菩薩在人間度化眾生，不能單靠慈悲和

願力，而必須出之於智慧的了解、觀察，才能產生不同的權巧方便，來接引各種根機的眾生。

　　智慧，就是清涼、自在，
　　智慧，就是解脫、無礙！
　　菩薩就是以智慧自救救人的覺者。

二、免於生死的恐懼

　　生死問題是人類的一大隱憂（煩惱），是與生俱來，又揮之不去的夢魘。前面說過，生命只是精神與物質的暫時聚合，然而愚蠢的人類卻又妄想長生不死。古代中國的秦始皇，日夜渴望自己肉體的長存與精神的不朽，不惜千方百計，飄洋過海去尋找不死藥；並藉著提鍊丹丸企圖求得永生。可嘆的是：他的下場仍然難逃千古不移的鐵律──有生必有死。

　　有個問題，曾經困惑很多人：「學佛人是否可以不死？答案當然是否定的，既是否定的，學佛人又如何免於生死的恐懼，而獲得自在呢？回答這個問題，請先看一段小故事：

　　我的父親在他四十四歲那年，偶然間摸到自己的右腹下方，有一顆隆起的小硬塊。經過切片檢查，竟然罹患的是被視為絕症的肝癌。這晴天霹靂，帶給全家人莫大的震撼和恐懼。深信佛教的母親，天天唸誦大悲咒一

百遍，連剛接觸佛法，但尚未深入了解的我，也在救父心切的激勵下，加入了唸咒的行列。

我朝念大悲咒，暮念大悲咒，甚至在夜闌人靜的時候，也悄悄地跪在菩薩面前，希望尋聲救苦的觀世音菩薩能夠適時地現出他的莊嚴寶相，慈悲地賜我大悲水，用來拯救父親奄奄一息的生命。我左思右盼，但一切盼望終究還是落了空。

父親死後，我對佛教失望到極點，尤其是對觀世音菩薩更是視同陌路，從此不拜不唸。一直到我上了大學——對佛學經過一番瀏覽與思索之後，這才赫然發現：是我誤會了佛教，是我誤解觀世音菩薩了。原來學佛的目的，不在保證一個人一生可以不生病、不死亡；也不能保證一個人生了病一定可以痊癒，可以不死。

既然如此，學佛人與一般不學佛的人又有何不同？也就是說：學佛人如何能獲得免於死亡的恐懼呢？道理十分簡單：學佛人必須了解《維摩詰經》所說的：「人的身體，像水中的『聚沫』，隨時會消失；也像『肥皂泡』，霎時就會破滅；它又像『陽焰』，看起來水溶溶，其實是人的錯覺；更像『芭蕉樹』，中空而無實體。」

經上又說：「人的身體，像魔術師變現的『幻影』，是由四大、五陰所聚起的假相；像『春夢』，夢時非有，醒來也空；又像是『影子』、『聲音』、『浮雲』、『電光』——沒有一樣是堅實永存的。」

因此，學佛的真正價值在於：學佛人具有般若智慧，

所以雖然不能長生不死，也不能一生無病無痛。但學佛人以智慧的觀照超越了生死，所以面對疾病與死亡，仍然不懼不憂，仍然坦然處之。換句話說，他一如往昔般照常生活，並不因此亂了方寸，亂了腳步，做出急病亂投醫的愚蠢行為。我就曾經見過平日信佛虔誠的人，在罹患絕症，藥石罔效之後，竟然一如俗人：活吞癩蝦蟆。妄想藉此得以出現奇蹟——讓自己的生命能夠苟延殘喘。可悲的是，癩蝦蟆救不了他的命，他的殘忍殺生卻替他造了殺業，留下來日的苦果。

三、快樂幸福的永久持有

「快樂幸福」是人人所嚮往的，但是人們往往在一番辛苦地汲汲追求之後，才發現這快樂幸福根本就是過眼雲煙，一瞬間就隨風而逝。這又是何等地掃興！何等地悲涼呢！

《金剛經》裡，佛曾經拿六種現象——「如夢幻泡影，如露亦如電」，來比喻一切由因緣條件所組成聚合的東西，都是隨時在變化遷流的。想想看：春夢何曾留下任何痕跡？幻術似真還假，只堪叫人驚愕訝異；渾圓綺麗的泡泡那耐得住風吹？樹影婆娑，永遠只是地上斑駁的明暗變化；葉子上的小露珠靈巧可愛，卻經不起旭日東升的蒸融；至於電光石火，只能在瞬間劃過暗夜長空，徒留人間無限的惆悵。如果我們自以為擁有的幸福快樂，

也是這「六如」之一，想想看：這又是何等地令人沮喪！何等地令人失望！

　　我們不妨再從這個角度來考慮：如果有人活了一百歲，而他的一生百分之九十九都在順境上度過——也就是這個人活了九十九年快樂幸福的日子，卻在最後那一年，因爲遭逢妻離子散，或千金散盡，或絕症臨身等重大災難，因而飢寒交迫，流離失所，日夜輾轉呻吟床側。我們能說這個人身心自在，過得幸福快樂嗎？

　　所以，一個自在的人生，一定要能把幸福快樂從頭到尾，永久持有才算。如果僅僅擁有一大段或一小部分，而最後是以不快樂、不幸福告終的，仍然屬於有缺憾的人生。

　　世人想要永遠地擁有幸福快樂，則需要有正確的認知和學習才行——而學佛就是一條人人可行的路。

　　　　學佛，使人看清煩惱和痛苦的根源，學得破除煩
　　　　惱和痛苦的方法。然後，對症下藥，一舉將之掃
　　　　除、滌清。如此，幸福快樂才能在人的心中生根、
　　　　滋長與茁壯。

第五章　自在學佛的方法

　　學佛，可以幫助人們學習過自在的生活；學佛，可以告訴人們自在生活的真諦。學佛一旦獲得自在，就會洋溢自然活潑的格調；流露出興會淋漓的情趣；展現自在人生的遠大美景；也描繪了自在人生的優閒與恬靜的風情。叫人低徊玩味，也叫人嚮往不已。

　　然而，自在的學佛境界並不是一蹴可幾，也不是驀然從天而降的。

　　大凡天地間的事，從著手進行到大功告成，必須講究方法才能事半功倍，才能圓滿達成。學佛，是佛教徒盡其一生所要努力的志業，它當然也算是一件事。既然算作一件事，那在修行的過程中，就不能盲目地橫衝直撞；就不能心存僥倖，妄想成功會無緣無故地到來。

　　修行，是要講步驟，講方法，是要按部就班的；學佛，是要有人指導，有人印證，是要循序漸進的。

　　底下所敍述的二十五項學佛方法，只有少部分是個人的修學心得——拿來跟有緣的同道分享；其中的絕大部分都是來自師長的啟迪、佛典的教誨——我只是借花

獻佛，加以引述。因此，我並不敢厚顏掠美，占爲己有。希望有心學佛的人，真能舉一反三，從本書的引介中揣摩得更多。

又學佛是「如人飲水，冷暖自知」的事，原本不能用文字來宣說。但文字旣是符號，所以就能暫時權充解說眞理的工具。不過，禪宗的祖師們一向強調：「因指望月」，早就對執著於有形外表——以致於產生錯誤認知的修行人，老實不客氣地給予當頭棒喝。所以，我也希望本書所提供的所謂「自在學佛的方法」，讀者們只能作爲「手指」——修學的參考，知所取捨；不能視作「月亮」——以爲這些就是佛法的眞理本身，因而照單全收。

我敬愛的學佛人啊！請再次聽從我的懇切叮嚀：本章所敍述的學佛方法，只是提供學佛人如何下手的方便，並非直接呈現自在無礙的境界，這是千萬混淆不得的呀！

一、隨緣盡分

什麼叫隨緣呢？就是：隨順機緣的變化，不要加以勉強。它的涵義近似人們平常所說的：順其自然。

人活在世上，凡事盡力而爲，就算不成功也無怨無悔。換句話說：盡力之後，如果仍然免不了失敗，人就要心平氣和地接受，不必流露過度的沮喪和失望；更不必作無謂的困獸之鬥，企圖扭轉它最後的結局。

爲什麼這麼說呢？因爲事前旣已盡其在我，也就是

說你已盡了心力，自然就心安理得。雖然失敗終究難免，但你不必說抱歉，也不必爲此感到內疚，更不必爲事情的不能盡如人意而灰心喪志。因爲決定一件事情成敗的因素，錯綜複雜，並非人力所能全部掌握，所以人不能盼望自己的所作所爲都能順利成功。

隨緣，使人以歡喜心來接受成功與失敗；隨緣，使人心甘情願地接受人生不如意的一面；隨緣，使人不致因爲失敗的打擊而退縮怯懦。

一個服務教育界三十年的老師，教過的學生何止成千上萬？雖然他努力扮演好教師的角色，甚至視學生如己出，也照顧他們無微不至。但是，事實證明：並非每個學生都肯虛心向學；也並非每位都能成家立業。我們不能全然責備老師的有虧職守，其實只要老師反躬自省，無愧於心，並隨時盡力去改善往日的缺失，來作爲來日教學的參考，那他又何必因爲少數學生的不能成器而耿耿於懷呢？

我們不難發現今天的社會上，絕大多數的人都是戰戰兢兢、任勞任怨地克盡本分的。可是不知何故——可能不善逢迎諂求吧？可能不懂交際應酬吧？也有可能是時運不濟吧？總之，他們往往跟幸運之神擦身而過：別人上課不認眞，而你學古人的刺股懸樑，發憤苦讀，可是聯考時，你名落孫山，他卻榜上有名；別人工作不努力，經常翹班請假，但是升官有他的分，而你總是羨慕加上失望；別人長得沒你的英俊瀟灑，八字也沒你的好，

娶的卻是如花似玉，過得卻是錦衣玉食；而你年屆不惑，依然光棍一條，而且窮困潦倒，時運不濟。於是這中間的大多數人，忍不住發出內心的怒吼：責怪社會的不公與天理的不彰；抱怨命運的弄人與自己的生不逢時。

時下也有許多品學兼優的男孩，個個卯足了勁去追求他們心目中的白雪公主。儘管用盡心血，伊人芳心依然不為所動。於是，濃得化不開的癡情，使得這些年輕人──有的跳樓殉情；有的借酒澆愁；有的傷心悲泣；有的茶飯不思……我想這些人都是不懂「隨緣盡分」的道理，才會落到這種地步的吧？

俗語說：「自古多情空遺恨。」懂得隨緣的人，心中早就明白：人生在世，凡事只要盡責盡分就好。能隨緣才能隨遇而安，無入而不自得──戀愛自然也不例外。「戀愛」是兩個人玩的遊戲，男女雙方缺一不可。現在有一方打了退堂鼓，鞠躬下了臺，可是另一方卻仍然霸占戲臺，堅持唱獨角戲。眼看觀眾的噓聲就要響起，一旦被無情地轟下臺，那情又何以堪呢？

其實，只要捫心自問：我用真誠、熱忱來跟對方交往了嗎？如果自己確實是，結果仍然失敗了，那錯又不在己，只是彼此欠缺緣分，何必太想不開呢？如果你想要從失戀的枷鎖中掙脫，「隨緣」就是不二法門。隨緣，使我們勇敢地承認失敗，不怨天尤人。而「前事不忘，後事之師」，冷靜地思考、反省：有那些事自己做得太魯莽？太幼稚？然後痛下針砭，這才是學佛者應有的觀念

和修養。

可是，人們講「隨緣」——順其自然，如果不跟「盡分」——盡自己最大的努力一起講，就很容易淪為懶惰畏縮、敷衍塞責的藉口。時常聽到有些人說：「唉，考試只要六十分，隨緣嘛，何必強求呢？」或聽到：「做事何必太認真呢？隨緣一些，得過且過，過一天就算一天嘛！」甚至有人生病了，他不去看醫生，問他何故，想不到他回答出來的歪理，竟然也跟「隨緣」有關呢。底下姑且聽聽他是怎麼個回答：「唉！一個人能活幾歲？這是天意，也是命運，既不能變，也不能轉，何必去看醫生，花錢又傷身！」

「隨緣」，並非坐以待斃或聽天由命，而是「只問耕耘，不問收穫」的積極人生觀。因為「只問耕耘」——自己盡了力，也盡了責，所以才能「不問收穫」——不論得失、毀譽，都能以平常心來坦然接受。

有些人仍然不明白：為什麼努力之後遇到失敗的逆境，也照樣要平心靜氣地加以面對承擔？前面不是說過？如果你使出了渾身解數，你絞盡了腦汁，你也對得起自己的良心，自然就了無愧憾，自然就應該敞開胸膛，伸出雙手來迎接——不論順逆、成敗的結局。何況，凡事不必以成敗論英雄，因為成功者不一定比失敗者偉大。而做一件事，其中最甜蜜、最有意義、最令人覺得有成就感的部分，就在奮鬥、努力的過程。再說，人只要盡心盡力，那「成功又何必在我」呢？

我們還可以這麼說：只要深切了解因果法則，就是真正地隨緣了。為什麼呢？因為：「因」演變成「果」之間，尚有許許多多的「緣」在裡面。「緣」有時是不確定的「條件」，它們是可以任意加以增減改變的。就以「氧」這種元素來說，它可以藉由不同的「緣」，來呈現它不同的面目。像：雙氧水、二氧化碳、臭氧、氧化鐵，不但名稱不同、功能不同，連存在的狀態——涵蓋了氣體、液體與固體三態——也不相同。

同理可知：人生在世，並不是樣樣都能天從人願。因為在「因」與「果」的演變過程中，有許多條件的「緣」不是人所能全盤掌控的，所以人們才會時常慨嘆：「煮熟的鴨子飛了！」「半途殺出個程咬金！」「為什麼不按牌理出牌？」而人一旦了解了因果的法則，就會心甘情願地接受它的演變，進而接受它的後果，再也不會憤世嫉俗或灰心喪志了。

　　隨緣，才能心安理得，才能無愧於心。
　　隨緣，才能坦然面對，隨遇而安。
　　隨緣，才能繼續努力，再創新機。

二、自己作主

相傳，佛教教主釋迦牟尼佛來到人間的第一句話是：「天上天下唯我獨尊。」換句話說就是：「人在宇宙間，

要做自己的主人，不要做任何神或人的奴隸。」

　　人為什麼要做自己的主人呢？因為做自己的主人才能掌握自己的命運和前途，而不必仰人鼻息，也不必看人臉色，更不必聽從任何神、人的指使。這時，人才能真正擁有獨立自主的人格、自尊；人才能真正擁有屬於自己的幸福和快樂。

　　許多在私人公司服務的人，普遍都有或多或少的不愉快經驗：從一考進公司開始，你就戰戰兢兢，早出晚歸。你從基層一步一步往上爬，好不容易爬到差強人意的位置。可是位子還沒坐穩呢，就因為老闆的一聲令下，莫名其妙地，你就得捲鋪蓋走路。你說，這叫人甘不甘心呢？當然是不甘心囉，可是不甘心你又能怎麼辦呢？寄人籬下，不忍耐點行嗎？沒聽說過：人在屋簷下，不得不低頭？

　　做自己的主人，人才能任意地支配屬於自己的一切，不必擔心自己所辛苦建立的會被別人所占有、所摧毀。否則，時時刻刻在那兒擔驚受怕，一顆心兒七上八下，如何能夠自在過生活呢？

　　在這世上，我們不難發現有好多父母，時常露出一臉惶恐，用幾近哀求的語氣，對著自己的子女說：「爸爸、媽媽把一生的希望都寄託在你們的身上。你們是爸爸、媽媽的心肝寶貝。沒有你們，爸爸和媽媽也活不下去了！」

　　想想看：對子女說這種話，不但幼稚，而且加重了孩子們的心理負擔。再想想看：他們才幾歲，那承受得

了父母的殷切期望？然而，世上就真有這種愚癡父母。據報載：有一位早年喪夫的寡婦，獨立撫養八個子女長大成人。這些孩子也大都十分爭氣，其中的七位都進大學受高等教育，並且在社會上卓然有成。照理說，做母親的應該深感欣慰才是；不過，事實並非如此，因為八個孩子中，卻有一位不太上進──早年參加不良幫派，每天混吃混喝。長大後雖然改邪歸正，卻也只能在一家貨運行開貨車。為此，這位母親一直悶悶不樂，覺得愧對丈夫，最後竟然上吊自殺。我們從她所留下的遺囑中，發現這些句子：「我一生的希望都寄託在孩子的身上，八個孩子不能全部上大學，成為社會有用的人才，這是家門的不幸，也是我此生最大的遺憾。」

我們並不想苛責這位母親，更無權（也無需）去責怪那位開貨車的孩子。我們只想說：「浪子回頭金不換」，不就是母教的成功嗎？而開貨車在公路上南北奔馳，使貨暢其流，不也是在服務社會嗎？

我們再看世上的許多癡情女子：天天把自己的「心」捧在手上，然後睜著癡迷的雙眼，深情款款地對著男人說：「親愛的，我把心交付給你了，由你來替我保管，可千萬要小心喔，因為你是我一生的最愛。」這些女孩既不想自己當主人，她們之中有些人的下場，也就十分悽慘：不是對方絕情而去，使得自己的心漫無著落；就是讓對方出賣了她的心，使她鎮日失魂落魄，成了無心的人。

看到這兒，有些人才會猛然覺醒：喔，怪不得佛陀

要眾生自己做一個頂天立地的人。人要挺胸抬頭，有時須要付出掙扎和煎熬，須要咬緊牙關才能做到。因為要想做一個獨立自主的人，必須有勇氣拒絕別人的誘惑，要有決心學習如何獨立自主的方法。看過被人飼養的狗吧？為了貪得一餐之飽，必須忍受人們的捉弄和欺負。平時要猛搖尾巴不說；就是挨揍被罵也不能眼露不平，否則必將招來更惡毒的修理。

為什麼又說：「做個獨立自主的人，必須要有決心親自去學習如何獨立自主的方法呢？」看過母熊在教小熊捕捉魚兒吧？小熊經過一次又一次的失敗，母熊還是堅持著要孩子繼續練習。母熊從不放水，甚至在小熊偷懶之時，也會施予薄懲。因為做母親的明白：今天不努力督促孩子，學習如何自己謀生，而讓孩子養成依賴的習性，由於自己並不能永遠陪伴在孩子的身旁。一旦自己遠離而去，孩子終將嘗到挨餓的苦果。

再看其他的動物也無非如此：那母猴教小猴子爬樹；母獅教小獅子追捕獵物；母鳥誘導小鳥勇敢地飛出自己的窠巢……。母親們這樣嚴厲要求，一絲不苟，目的就是希望自己的下一代能夠堅強自立，能毫無畏懼地迎接一切的挑戰。如果你要問：「獨立自主有什麼好處？」答案不就在底下嗎？那些小動物們在日後的成長中，才能減少被捕捉、被獵殺的惡運；才能在綿綿無盡的草原上馳騁；才能翱翔在藍天白雲之下；才能在蓊綠叢林中攀爬搖盪，任意地啼叫嬉戲。總結一句話：牠們才能無

憂無慮地過自在逍遙的日子。

　　佛陀不希望學佛人永遠當依賴母親的小鳥和小熊；永遠當長不大的小猴子和小獅子。佛陀一再囑咐眾生要做自己的主人——甚至眾生在歸依三寶（佛、法、僧）時，佛也要眾生記得：「自歸依佛、自歸依法、自歸依僧」——要以自己作依靠。爲什麼呢？因爲佛陀肯定：眾生的本性潔淨光明，與佛一般無二，所以歸依佛，就是「反求諸己」，尋回自己的本來面目；佛陀也肯定：眾生的本性中，具足「無上甚深微妙的智慧」，所以不假外求，只要努力去探索、尋覓和領悟就行了；佛陀更肯定：眾生的本性具足清淨梵行，只要肯發心立志，人人都能成爲弘法利世的眞理傳播者（僧）。

　　所以，自己做主人，就是自己開發自己心中的潛能，是自利利他所必備的先決條件。

　　　能自己做主人，自己才能爲自己所做的事負責，
　　才能爲自己的將來仔細地策劃。人一旦能走自己
　　該走的路，走自己適合的路，這條路走下來才會
　　歡歡喜喜，才會充滿溫馨和快活。

三、隨喜讚美

　　「隨喜」就是：肯定別人的成就，讚美別人的長處，分享別人的喜悅。

底下，先舉幾個「隨喜」的例子：

（甲）別人的孩子考上了研究所，由衷地先誇獎幾句：「哇，老王，你的孩子真行吔，你們夫婦倆這半輩子的努力，總算沒有白費了。」如果能錦上添花——買部筆記型電腦或精美實用的鋼筆送孩子，豈不是皆大歡喜？

（乙）你的同事參加作文比賽，捧個冠軍獎杯回來，真心分享他的喜悅和光榮。微笑告訴他：「老陳，你的生花妙筆果然不同凡響，你是實至名歸的。」

（丙）學佛朋友樂捐了一大筆錢給師父，作為創建大學的基金，你雖然手頭拮据，卻逢人就誇讚他幾句：「他平日省吃儉用，卻發大喜施心，真是難能可貴，功德殊勝呀！」

就（甲）來說，如果你改換嫉妒的口氣，滿腹不快地說：「哼，考上研究所又有什麼了不起！今天滿街都是碩士與博士！」何必一肚子酸葡萄呢？

再就（乙）來說，原本應該放寬心胸：「既是同事，他的得獎就是我的榮譽，所以我也與有榮焉。」你卻捨此不為，反而出之於輕蔑的貶抑：「哼，抱個作文比賽的臭獎杯，又有什麼值得大驚小怪的？真有辦法，為什麼不奪個諾貝爾獎讓我瞧瞧！」怪，怪，這樣的小心眼，見不得別人比自己的半點好，其後果相當可怕——撇開惡意地中傷、詆毀不算；單單在日後，一會兒見到張三得演講亞軍；一會兒聽說李四勇奪辯論的優勝；一會兒又傳來王五在數學競賽中名列前茅……。試想充滿嫉妒的脆

弱心靈，你那禁得起別人接二連三的「刺激」？

最後，就（丙）來說，別人出錢幫師父辦教育，好讓許多莘莘學子得以接受佛法的薰陶。有一天，能造就許多有爲的青年，來服務人群，改造社會，弘揚佛法，爲國家民族爭獨立自由，這不是值得我們大加褒揚的嗎？何苦因爲自己的力不從心，就非否定別人的功德不可：「哼，家中有幾個臭錢，就這樣趾高氣揚！眞是騷包一個！」這簡直是麻雀肚腸嘛！

人的嫉妒心，有時更莫名其妙，譬如說：對自己的孩子，無論他們長得有多醜陋，就是愈看愈好看；如果換上別人的，就全然不是這個樣子。無論他們長得多可愛，就是愈看愈彆扭：不是覺得他眼睛斜、耳朶小，就是鼻子扁、嘴巴歪。

沒有學佛的人，因爲不懂得隨喜，所以經常會有以上那些損人又不利己的行爲。因而傷害別人的自尊，招來別人的厭惡。如此，他的人際關係就一定很差，而人旣然不能離群索居，他的生活又如何能自在快樂呢？反過來說，一個人能夠把隨喜運用到做人處事上，他的人際關係就能獲得極大的改善。

我年輕的時候，還沒當爸爸，看到別人摟著他們的小孩，又親又舔的，心裡就覺得嘔心。有時，實在按捺不下強烈的好奇：「到底這小傢伙是紅孩兒？還是哪吒？爲什麼他們的爹娘非表現得如此肉麻不可？」

不止一次，我特地跑到孩子的面前一窺究竟。那知

姓名：

出生年月日：西元　　年　　月　　日

性別：□男　□女

地址：

電話：（宅）　　　　　（公）

E-mail：

三民書局股份有限公司收

感謝您購買本公司出版之書籍，請您填寫此張回函後，以傳真或郵寄回覆，本公司將不定期寄贈各項新書資訊，謝謝！

職業：＿＿＿＿＿＿＿＿＿　　教育程度：＿＿＿＿＿＿＿＿

購買書名：

購買地點：☐書店：＿＿＿＿＿＿　　☐網路書店：＿＿＿＿
　　　　　☐郵購（劃撥、傳真）　☐其他：＿＿＿＿

您從何處得知本書？☐書店　☐報章雜誌　☐網路
　　　　　　　　　☐廣播電視　☐親友介紹　☐其他

您對本書的評價：　　極佳　佳　普通　差　極差

封面設計　☐　☐　☐　☐　☐

版面安排　☐　☐　☐　☐　☐

文章內容　☐　☐　☐　☐　☐

印刷品質　☐　☐　☐　☐　☐

價格訂定　☐　☐　☐　☐　☐

您的閱讀喜好：☐法政外交　☐商管財經　☐哲學宗教
　　　　　　　☐電腦理工　☐文學語文　☐社會心理
　　　　　　　☐休閒娛樂　☐傳播藝術　☐史地傳記
　　　　　　　☐其他

有話要說：＿＿＿＿＿＿＿＿＿＿＿＿＿＿＿＿＿＿＿

（若有缺頁、破損、裝訂錯誤，請寄回更換）

復北店：台北市復興北路386號　TEL:(02)2500-6600
重南店：台北市重慶南路一段61號　TEL:(02)2361-7511
網路書店位址：http://www.sanmin.com.tw

不看則已，一看差點昏倒！瞧！那一副長相，那一副德性：簡直醜陋到極點了，看了回去，包你非作惡夢不可！

我二十七歲當父親以後，才知道孩子在父母心中的分量——原來父母都在自己孩子的身上，恣意地加進太多關愛和親情。怪不得每一對父母都覺得他們的孩子永遠比別人的漂亮、聰明！而我也並不例外，每當別人批評我的孩子——不論他們是出自有意或無意，我都難以接受，往往當場就會將內心的不悅形之於色。

我終於明白：每一個孩子都是父母的心肝寶貝，不但是無可取代，而且是完美無缺的。從此，我看到別人的孩子，不論他們的長相如何，我一律加以隨喜讚美：「哇，真可愛，眼睛好大！」「喔，頭髮好濃好黑，真帥！」

對孩子的愛語隨喜，經常換來父母的衷心感激與真摯的情誼。任何人只要看到孩子的父母臉上得意、知足的眼神，或掛在嘴角的笑意，就會發覺：隨喜的愛語是無上的功德；隨喜的愛語不但使天下的父母心得到無比的鼓勵與安慰，而且能使自己原本平淡的心情因而跳躍飛揚起來，也使得平凡的日子因而璀璨亮麗非常。因此，儘管有些母親手中抱著的確是奇醜無比的孩子，但是在一時找不到適當修辭的情急之下，我仍然會衷心地冒出這樣的讚美：「哇，長得真像阿彌陀佛！」隨即，那母親的臉上立刻就會流露出感激和驚喜的笑。

雖然一直到今天，我仍然未能確知：「長得像阿彌陀佛」，到底是怎麼樣的一種長相？但是隨著屢試不爽

——一再獲得母親感激的回報，更使我確信：它必然是一句好話，至少不會傷母親的心！

　　隨喜，使自己的心胸天寬地闊，鳶飛魚躍！
　　隨喜，使自己贏得別人的感激和友誼！
　　隨喜，使自己天天好事連連，笑口常開！

四、無住生心

　　「無住」是一種「無所為而為」的灑脫和自由。我們做一件事，從起心動念——做這件事的動機開始，心中就不存著為了滿足自己的某些需求、欲望才去做；而是懷著盡責盡分的心，不求名利，不求地位，甚至連「成功」也不在心中占有一席之地。

　　「無住」為什麼能帶給我們自在快樂呢？因為它的動機純潔，無我無私，無罣無礙，所以能放手去做自己應該做的事，既不後悔，也不計較，更不會中途而廢。

　　一個學生為了文憑而讀書，文憑就是他的「住」；為了考第一名而讀，第一名也是他的住；一個老師為了賺錢而教書，錢財就是他的住；為了獲得師鐸獎而付出，這師鐸獎就是他的住；甚至一個佛教徒為了成佛而行善，這成佛也是他的住。住，像強力膠，人一旦粘滯其上，勢必礙手礙腳，施展不開——甩不開現實的功利，也拋不掉世譽虛名的糾纏。

在《金剛經》裡，須菩提曾請教佛陀：「如何發心做一件事？」佛陀的回答是：「應無所住而生其心。」意思是說：不要為了某些特定的動機或目的才去做一件事。換句話說：人的「心」不要執著在某些自私的心念上，否則這件事就不能做得乾淨俐落，不能做得清清白白，不能做得無牽無掛。

有些人看到這兒，可能會心存疑惑：難道佛法教人做事不要有目標，只是漫無目的，瞎搞一通罷了？錯，大錯特錯。佛陀的本意，只是要幫助我們——把事情做得更瀟灑、俐落，不會因為心有罣礙而患得患失。比如說：你想唱歌，就不要一心為了別人的喝采，也不要為了想當歌星，否則這歌就唱得不自然，不快樂了；又你想打坐參禪，就不要為了想當禪師，也不要刻意為了了脫生死，否則這禪就不好坐，更不好參了——因為這些都是妄想與執著，跟明心見性之路，根本就是背道而馳。

底下，我要敘述一段小故事，用來說明「無住生心」的境界與真諦：

有人初聞佛法，當他讀到佛回答須菩提的話：一個人真的想發心修行，就要「應無所住而生其心」時，忍不住驚訝地問道：「既然要心無所住，那如何發心學佛呢？這學佛的心又要『住』在何處呢？」

我說：「那兒都不停。」

「為什麼？」他一臉茫然。

「因為那兒都不能停。」

「爲什麼呢?」他還是一路窮追猛打。

「因爲佛已經清楚、明白地說:『住』在那兒都不對了,而你卻一味地妄想替『心』找個住處,這不是明知故犯,就是存心跟自己過不去。」

「但,此心無住,那又如何修行?」

「如何不能修行? 想想看:此心一旦無住,修行起來不是更無拘無束? 不是更游刃有餘嗎? 如此修行所體證的境界,不是更怡然自得? 更灑脫超越嗎?」

人能以無住存心,就不會把成敗、得失看得太在意,因爲他在做事之先,早就不是爲了有所得、有所成才去做的,而是把做事的動機與目的,提昇到更深一層的意義上——爲了服務別人,造福社會而獻身。他只問自己能付出多少? 自己能盡多少的力? 輕輕鬆鬆,快快樂樂地去做。至於成功也好,失敗也罷,他全不記掛在心上。他自由自在,一路神采飛揚,興致勃勃地做下去。對他來說,他在奉獻和奮鬥的過程中,早已享受了滿足和歡欣,他永遠不介意:在終點上,別人認爲他是屬於成功或失敗。

　　無住,使人自由自在!
　　無住,使人朝著目標勇往直前!
　　無住,使人享受做事的快樂!
　　無住,使人淨化心靈,與諸佛菩薩清淨無私的本懷更貼近了一些!

五、知足常樂

在《八大人覺經》中，佛曾經一語道破眾生遭受輪迴痛苦的根源：「生死疲勞，從貪欲起」；並且提出離苦得樂的方法：「少欲無為，身心自在。」

人的欲望像無底深洞，難以填滿。所以俗語說：「人心不足蛇吞象。」而欲望一旦不得滿足，則又如同烈火焚心，熾熱難耐。

我們姑且先拿五欲(財、色、名、食、睡)中的「財」與「色」來說吧，在《四十二章經》中，佛曾經作了一個淺顯的譬喻：「財色於人，人之不捨，譬如刀刃有蜜，不足一餐之美，小兒舐之，則有割舌之患。」至於一般人的喜好沽名釣譽，佛典上更語重心長地加以警惕：「人隨情欲，求於聲名，聲名顯著，身已故矣。」

到底有什麼樣的妙法門，可以熄滅眾生的欲望之火呢？那只有自足的清泉才能圓滿達成。

知足的人，隨遇而安，時時快樂，處處寬心。雖然簞食瓢飲，短褐穿結，不過他吃飯是為了填飽肚子，穿著是為了保暖身子。因此不必講究排場，向人炫耀，所以能恬淡自適。

有些人家境小康，生活倒也過得去，卻一天到晚汲汲於富貴功名。為了達到升官發財的目的，不得不向上司巴結逢迎，不得不用盡心思。每天陪著自己不喜歡的

人喝酒、打麻將，弄得精疲力盡，眞是苦不堪言。又爲了實現發財美夢，有人就用房子向銀行貸款，從事股票投機。偏偏他又不諳此道，所以在幾次的盲目進出之後，竟然落得血本無歸，只得租賃而居。

我有位遠親，祖先是地方上的大地主，所以他繼承一大筆財富。這原本足夠一輩子生活無憂了，可是平日罹患輕微心臟病的他，卻熱中投資高風險的地下期貨。成天盯著電腦螢幕，一顆心隨著漲跌的數字起起落落。雖然多次因猝然心臟病發作，而差點一命嗚呼，但是被醫生從鬼門關拖回來之後，不久就又故態復萌，依舊沈迷其中，照玩他的賭命遊戲了。

佛典上說：「不知足之人，雖處天堂，亦如地獄；知足之人，雖臥地上，猶如天堂。」就是在告訴我們：天堂與地獄的差別，不在環境的舒適，而在於人心的知足與否。我們再拿「住」的房子來談：有的人住在大廈洋樓，猶不滿足，不惜花大把鈔票，把屋子大肆裝潢，非得媲美皇宮不可；但是當他看到別人比自己的裝飾得更闊氣、更奢侈，就會頓覺顏面盡失，光彩不再，因而鬱鬱不樂。反過來說，一個知足的人，雖然住的是簡樸的小屋，但是格調高雅，家庭氣氛融洽，因此身心輕爽，臉上笑容常開。

世人也常搖頭嘆氣：「左看右看，太太還是別人的漂亮。」爲什麼呢？就是因爲不滿足的緣故嘛！也有人乾脆說出內心的無奈：「我，永遠覺得自己的衣服少一件，房

屋少一棟，鈔票少一疊。」爲什麼呢？還不是由於心的不滿足！

對於世人的「多欲爲苦」，佛典還有一段精彩的譬喻：有個小孩，把手伸進玻璃罐裡抓糖果，他貪心地抓了一大把，因此手沒法伸出窄小的瓶口。他愈掙扎用力，手就被夾得更加疼痛。可是他並不願意把糖果放掉一些，卻只顧在那兒哇哇大哭。別笑這孩子太貪心！想想我們：是不是像極了這個無知的小孩？爲了欲望的滿足，一生忙碌到老，偏偏只顧埋怨自己太勞累，太憂苦，卻不懂得放鬆自己，知足常樂！

不過，佛法雖講「多欲爲苦」，欲未曾主張「絕欲」。所以千萬別誤會：佛教強迫我們禁欲，甚至不要我們過最起碼的生活。其實佛教說的「多欲爲苦」，說的是：一個人不衡量自己的能力、收入、需要，而漫無節制地去鋪張、擴展和追求欲望的享受，來滿足自己求新、求變的刺激與虛榮。

比如說：你月入兩萬，那你的生活就該維持在一萬五的水平，更不應該超越兩萬的極限。否則入不敷出，只有寅吃卯糧，或是諂求詐騙才能過日子。深入了解佛法，就會明白：佛教非但不反對人們憑藉自己的能力和勤奮，來改善自己的生活；反而鼓勵大家努力創造財富來造福社會，建設國家。

我小時候住澎湖，曾經觀察過無數在礁石上爬行的寄居蟹：牠們一向樂天知命。小的時候，選擇小的貝殼

當容身之所；等自己長大一些,才換一棟稍大的「房子」；再長大一些,才又拋棄舊有的,搬進更寬更大的新房子。寄居蟹從不貪心,牠們完全按照自己的需要來選擇住家。一旦選擇之後就輕鬆愉快,成天背著它們,到處去旅行觀光。牠們沒有過度負載的煩惱,也不必像人一樣為了買更大更貴的房子,而有付不出分期付款的困窘。牠們是一群快樂的寄居蟹,只因為牠們自足,所以才令人羨慕!

學佛多年,過去,我常為一件瑣事所苦:受不了別人笑我尖嘴猴腮,說我像極了臺灣的特產——獼猴。為此,我也常自艾自怨,怨父親太瘦,而母親太醜,所以我才不夠風流倜儻,也欠英俊瀟灑。一直到四十歲那年,我到高雄觀音山露營,無意間發現一群身手矯健的獼猴,在不遠的樹林間跳躍、搖盪,牠們是那麼地自由自在、快樂無憂,而我雖是萬物之靈,卻比不上牠們有如閒雲野鶴般地逍遙。回家以後,我偷偷地攬鏡自照,對鏡中的自己,故意擠出一副俏皮的「猴臉」。

「哈!真像猴子!」我忍不住笑出聲來。緊接著我又自言自語:「既然像猴子,就該學觀音山那群快樂的獼猴才是。」

這一次,我有十足的自信,我已不再為長相自卑,因為縱然我是猴子,也必然是全臺灣最英俊瀟灑的那一隻——美猴王。

底下,是我念小學時的一段往事:

我一九四四年出生，正是臺灣光復的前一年。那時民生凋敝，物質缺乏，許多人都是光著腳丫上學。我雖慶幸還有布鞋穿，卻經常吵著母親為我買雙新皮鞋──只因為班上有兩位家境富裕的同學，他們穿著一閃一閃亮晶晶，走起路來會「ㄒㄧˇㄙㄨㄞ、ㄒㄧˇㄙㄨㄞˊ」亂叫的皮鞋，既帥又跩。

母親基於經濟的考慮──那時候一雙新皮鞋可以抵得上爸爸半個月的薪水，所以遲遲未能答應。為了這緣故，我還流了不少的傷心淚呢。

五年級的時候，班上轉來一位坐輪椅的男同學。他在幼時罹患小兒麻痺，又因車禍而喪失了一條腿，不過，臉上卻經常掛滿快樂的笑。

有時，班上幾個調皮搗蛋的同學，在教室裡捉弄他之後，還會大聲吼他：「你給我滾出去！」可是生性樂觀、開朗的他，卻永遠不生氣。他總是笑嘻嘻地回答：「好，我滾，我滾，我本來就是滾來滾去的嘛！」

這位不良於行的同學，他的樂觀和幽默，曾帶給我很大的震撼和啟示。我當時就想：「他缺了條腿，又坐輪椅，卻活得比我快樂；而四肢健全的我，只不過是沒有新的鞋子穿，就鎮日在那兒掉眼淚，而且怪東怨西，我不是太不知足了嗎？」

一直到今天，我才猛然想起佛的話：「知足之人，雖貧而富；不知足者，雖富而貧。」其實，缺腿的人，一樣可以活得像平常的人那般的快樂；而一個人快樂與否，

跟他有沒有新鞋子穿，又有什麼關連呢？

　　　　知足，使人覺得自己擁有很多，不必貪求！
　　　　知足，使人覺得自己得天獨厚，不必埋怨！

六、大肚包容

　　看過笑嘻嘻的彌勒菩薩吧？一副笑罵由他，灑脫在
我的模樣，叫人欽仰，叫人敬佩，也叫人嚮往！

　　彌勒菩薩是如何修養到家的？無他，具有包容的胸
襟而已。有一副歌頌彌勒菩薩的對聯是這樣寫的：

　　　　大肚能容，了卻人間多少事；
　　　　仰天長笑，笑開天下古今愁。

　　包容，是一種寬恕，也是一種慈悲，更是一種氣度。
有的人排他性特強，看什麼事都不稱心，看什麼人都不
順眼。他處處否定別人的成就，時時漠視別人的存在，
擺出來的就是一副飛揚跋扈，心胸狹隘的樣子。

　　我自小喜歡園藝，尤其喜歡在庭院裡栽種一些水果
之類的植物。偏偏事與願違，多年來除了一棵碩果僅存
的芒果樹之外，其餘不是中途夭折，就是一年到底只會
長葉子，卻從不開花。

　　這棵芒果樹深得我的喜愛。它也十分爭氣，不辜負

我的期待——年年開花，年年結果，而且一結就是數十粒。這些芒果金黃渾圓，在夏日燦爛的陽光下，迎風舞蹈，叫人看了垂涎欲滴，忍不住就想咬它一口。

有一天，有幾位學生來訪。師生盡情歡聚之後，當學生們正要離去，有一位矮個子的同學，在走經樹下時，忽然伸手摘下兩粒半生不熟的果子。站在三樓陽臺的我，目睹這突來的一幕，一時傻了眼。正想大聲呼叫制止他，但是舌尖似乎打了結，發不出聲，只有眼睜睜望著他揚長而去。

一連幾天，我為此悶悶不樂。好幾次拿起電話筒，準備召他前來興師問罪。玉汝看我坐立不安，在了解原因之後，終於開了口：

「照顧大專學生，接引大專學生學佛，不是你終生的職志嗎？十年來，難以數計的學生來這兒活動，你都能不計較；現在為了兩個芒果，非得把學生找來，當面拆穿他的竊盜行為不可。如此無情地羞辱後生晚輩的人格、自尊，你這是那一門的慈悲？又是那一種的教育方式？」

玉汝的話，像暮鼓晨鐘，頓時使我豁然開朗。「包容」是一種教育，也是一種對別人的尊重，更是一種接引眾生的無上法門。

兩年後，這個學生突然跑來。手上赫然攜帶一大簍的芒果，一臉歉意地說：「老師，以前我偷過您的果子，現在我前來贖罪。」

我聽了先是一怔，然後把自己早就親眼目睹，原本想找他來刮一頓的往事，細說了一遍。師生忍不住相顧大笑。一直到今天，這位同學依然是「菩提園」的常客，而且是真誠奉獻心力最多最大的一位。

包容，才能感化群倫，包容才能為別人留一條退路，也為自己留下無限寬廣的前途。也只有包容才能使別人心安，也使自己自在。

我時常思考一個問題：為什麼人與人之間需要相互包容呢？包容別人是不是放縱別人去為非作歹呢？而對自己來說是不是太委屈了呢？答案是否定的，為什麼呢？就因為你我皆是凡人，時常在疏忽之餘就會犯錯，而且一錯就是一籮筐。所以人應該相互體諒、包容，不該只看到別人的錯，卻看不到自己的過，因而一味地指責對方，甚至非置對方於死地不可！

幾乎所有的宗教都是勸人寬恕別人、包容別人的。在釋迦牟尼佛還留在世間的時代，他的堂弟提婆達多，兇惡陰險，處心積慮地時時想要加害佛陀。但是佛陀從不記恨在心，更不會想去報復別人。依據佛典的記載，有兩件事是值得後代的人們讚嘆欽佩的：

《法華經・提婆達多品》中，明文記載佛陀為提婆達多授記——預先宣告、保證他終將成佛。佛對眾生無微不至的呵護和鼓勵，其對象竟連窮凶極惡者也不排除在外。這不是無盡的慈悲、包容嗎？

除此之外，當罪惡滿盈的提婆達多身墮地獄，正要

被無情的熊熊火焰所吞噬,釋迦牟尼佛不但不幸災樂禍,反而伸出慈悲的雙手, 試圖拯救提婆達多脫離地獄。

在《聖經》的〈約翰福音〉中, 也有一段聖者包容眾生的記載:

> 有一次, 耶穌外出教化, 看到一群人正要用石頭投擲一位婦人。原來這位婦女不守婦道,背著丈夫做了不可告人的事。而依照摩西所頒布的律法,人人可置淫女於死地。
>
> 耶穌就對眾人說:「你們當中, 如果有人自問從未犯過錯的才可以打她, 否則就應該原諒她。」
>
> 眾人聽了就一語不發, 紛紛低頭走開了。

想過沒? 凡夫眾生誰沒犯過錯呢? 就算世上真有潔身自好, 修心養性到人格毫無瑕疵的人——這種人早該稱作「佛」了吧? 如果他仍然不能包容別人, 而一味地數落別人、羞辱別人, 這種人早就喪失了他的菩提心了。他又算是那門子的「佛」呢? 再說這種沒有包容雅量的佛再多, 對眾生又有什麼好處呢?

包容眾生, 才使得佛的法相更加莊嚴; 包容別人, 才使得眾生的心地更加寬廣。

我從小生性頑劣, 又老是捅樓子, 出紕漏, 母親為了我不知流下多少傷心淚。父親的脾氣暴躁了些, 為了我的惹事生非, 在苦勸不聽之後, 就只有訴之於暴力

——體罰與打罵，無所不用。但是我依然故我，一副刁蠻模樣：「打死我算了，我就是這種德性，看您怎辦？」

每一次父親打我——用皮帶抽我，用拳頭揍我。母親就在一旁哭著，力竭聲嘶地喊著：「敏仔，跪下來，快向父親道歉，說你下次不敢了！」但是倔強的我，硬是三緘其口，不為所動。

有時，父親氣瘋了，就一時失控——拳頭像雨點般掉落在我身上。母親見狀，在無計可施之下，就自行跪倒在地，磕頭如擣蒜，向父親不停地求情：「對不起！是我管教無方，請不要打孩子，打我，打我好了！」

可是，父親依然不領情，這時母親只好使出她最後的撒手鐧——竟然兩拳緊握，瘋狂地搥打自己的胸部和頭顱。如此，才能硬把盛怒中的父親稍微給喚醒過來。

我十七歲，父親因肝癌病危在床。外祖母哭著說：「有伍（父親的名字）呀！你自個兒走了，留下敏仔這頑皮鬼，叫梅花（母親的俗名）如何管教他？」

父親雖已奄奄一息，但我看得出他的眸子間，仍然流露出無比的怨恨和不甘，卻只能用一種失望和責怪的眼神瞪著我，再也說不出半句話來。

突然，母親伸手把我擁在懷裡，用堅決的語氣對父親說：「放心，不必憂慮！養孩子最怕生下的是白癡，那就一輩子沒指望了。世敏聰明，雖然剛強難馴，又不學好，但你死後，我會用恆心、愛心和耐心來教他、育他，有一天，浪子終會回頭的！」

在聽完母親的這番話之後，父親吃力地伸出他乾癟的手，緊緊地握住我的手。在那一瞬間，我感受到一股無比的熱流，那是母親的寬恕和包容，帶給父親的安慰，和帶給我的激勵。

包容，可以使自甘墮落的孩子，浪子回頭——我終於在父親死後的第三年，以第一志願的優異成績，考上臺灣國立政治大學。

> 包容，可以化怨悔為饒恕，可以化絕望為希望，更可以化沮喪為奮發圖強。
>
> 包容，使得家中的每一個人心胸開朗，使得家庭的氣氛溫馨和樂，使得每一個日子都散發著希望和活力。

七、安住無常

《八大人覺經》說：「世間無常，國土危脆，四大苦空，五陰無我。」一語道破：宇宙的山河大地，日月星辰，都是瞬息萬變；而人的身心世界，也是剎那變化，沒有一時一刻是靜止不動的。

先就山河大地來說，二十世紀初，日本關東大地震，剛把東京地區震得斷垣殘壁，滿目瘡痍。就在人們記憶猶新，餘悸尚存之際，一九九五年，日本又發生了關西

大地震，整個神戶在片刻之間夷爲平地。如果再放眼看全世界，那類似這樣的天災，更是隨時隨地都在發生，像舊金山、墨西哥、唐山等地的大地震，死傷的人數動輒成千上萬，橫屍遍地，血肉模糊，叫人慘不忍睹。又歷史上中國長江、黃河的大潰決，良田千頃，毀於一旦；再看義大利的龐貝故城，竟然在火山爆發時，被滾滾的熔漿所吞沒，從此歷經無數地底的黑暗歲月，如果不經後人的挖掘，又何以重見天日？

這些都是眼前、有形、劇烈的變動；至於發生在遠處、細微、無形的變化，那就經常被人們所忽視了。像：宇宙間星球世界「成、住、壞、空」的輪替，因爲距離我們太遠，間隔時間太長，所以大部分的人一無所知；又像：地球上每日都有數千物種的滅絕死亡，有些人卻根本未曾聽聞。

我住在高雄，高雄有一座嫵媚的壽山。壽山從遠古時代就一直屹立在西子灣海邊。像一位睿智而穩重的老人，默默地鳥瞰著高雄，祝福著高雄的每一位市民。可是高雄的市民對壽山並不是十分「關心」，因爲他們欣賞壽山數十年，凝視壽山幾千幾萬次，卻從來沒有發現：壽山無論在外在的形貌或是內在的體質，事實上，它刹那刹那都在改變著。

寫到這兒，有些人就忍不住要提出反駁：「鬼扯淡！高雄壽山原本就是屹立不移的，以前它站在那兒，現在它站在那兒，未來它也將永遠站在那兒！」

也有人會搶著質問：「好，那你就簡潔明白地告訴我——壽山何曾有過變化？它的變化證據又在那裡？」

　　我說：「壽山的變化太多也太大了！你留心了沒？當一陣清風吹拂而過，從山上拂起一絲兒灰塵；當一陣秋雨落下，沖刷著山中的幾許泥沙，你知道嗎？這正是整座壽山正在分化解體的過程。再說，你今天看壽山，山上的花開了，小鳥孵化了；而明天你看壽山，山上的葉子凋落了，蟬兒不叫了；說不定，你大後天看壽山，山上的某處土石崩塌了，泉水也乾涸了。這一切不都在說明壽山的變化無常嗎？」

　　如果再就人的身心世界來說：在身體方面，單單是紅血球，一秒間就有三十萬個生滅，細胞更是隨時在新陳代謝。也就是說，人時時刻刻都在進行改造——脫胎換骨。又在精神方面，人的觀念、思想、行為，不只是天天，而且是時時刻刻都在修正改變——昨天認為好的，今天認為不好；昨天珍愛不捨的，今天卻棄如敝屣。這一切也都足以說明「人身」和「人命」的無常。事實上，所謂「人」這種東西，原本就是因緣一時的假合，根本就不能永遠不變地存在。

　　《四十二章經》中，佛與弟子間曾有一段「人命短暫、無常」的對話：

　　佛問沙門：「人命在幾間？」對曰：「數日間。」佛言：「子未知道。」

復問一沙門：「人命在幾間？」對曰：「飯食間。」

佛言：「子未知道。」

復問沙門：「人命在幾間？」對曰：「呼吸間。」佛言：「善哉！子知道矣。」

爲什麼我們需要了解人身、人命的無常呢？因爲人身脆弱不堪，人命也短暫得叫人無從想像。如果沒有心理準備，一旦無常到來，就只會六神無主，只有哀傷絕望了。

曾經聽過這麼一個笑話：

有位舉世公認的佛門大德，晚年不幸罹患重病被送到醫院急救。

醫生診斷他的病症之後，臉色沈重，卻不發一語。

大德若無其事地問：「醫生，我得的是什麼病？」

「沒什麼，沒什麼。」醫生不願多說。

「告訴我眞相，我不會在乎，因爲我的修行境界十分高超，早已不再畏懼死亡的威脅。」大德悠閒自得，笑臉可掬。

「眞的？」醫生十分訝異。

「當然是眞的，我還會說謊嗎？」大德神態自若。

「那，那我就不再隱瞞了，您得的是末期的肝癌，活不過十天了。」醫生說。

「啊！什麼？癌、癌……症？」只見大德臉色一陣蒼白，終至昏迷倒地。

了解無常的道理，並不表示可以免除無常的恐懼，其理甚明。所以說：「知之者，不如安之者。」既想安住無常，就要多觀照，多體會。否則，平日縱使能將有關無常的經文倒背如流，一旦無常到來，依然會驚慌失措，痛苦不堪。

　　強迫人去屈服「無常」的自然法則，總是難免出自一種無奈和無助吧？就自命不凡的人來說，終究是一種落寞和悲哀吧？因此我們才希望人們要：「安住於無常」。因為認識無常，只是體會和認知，並不等於能夠坦然去接受。人如果不能坦然面對無常，那麼無常一旦降臨，心湖上的小舟，載得動生離死別的千斤巨石和萬縷的愁緒嗎？

　　有許多人一大早出門，才剛跟爸爸、媽媽揮手說再見，等到夜晚踏入家門，卻發現他們都已因為意外事故而雙亡。

　　發明鐳質而獲得諾貝爾獎的居里先生，就在他的事業如日中天時，在路上被一輛急馳的馬車撞死。這對居里夫人來說，不啻是晴天霹靂的打擊吧？

　　如果你抽個空，到各大醫院的急診室走一趟，你會發現：缺手斷腿者有之；肚破腸流者有之；急救不及命喪黃泉者有之。這些活生生的慘狀，叫人怵目驚心。可是又有幾個人能真正認清無常的本質？進而安住於無常的不動之境呢？

　　如何能夠從體認無常，進而安住無常呢？簡易的法

門，只有深切地覺悟「三法印」中的「諸法無我印」和「諸行無常印」。「法印」是拿來印證佛法的眞假與虛實的，「諸法」的意思是指：宇宙間森然羅列的一切事物；「無我」就是：沒有一樣事物能夠本身自作主宰，因爲它們都是緣起緣滅，並沒有不變的主體存在。至於「諸行無常」又是怎麼一回事呢？原來從時間上看，天地萬物都在不停地遷流變化，沒有一樣東西能夠維持片刻地靜止、停留的。像：滄海桑田、物換星移、生物的生老病死、聚散分合等等，都是無常的活見證。

　　了解這一層的意義，就不會愚蠢地癡想：希望自己所愛的東西永遠不會變，永遠不會壞；或你我所熱愛的身體、生命，永遠不會死。既然萬物沒有一樣不是因緣的排列組合，萬物的散壞解體也只是遲早的事。人一旦有此心理準備，當無常到來，就不會心慌意亂，就不會怖畏恐懼。不是嗎？你早知道會有這一天的嘛！你也早就知道包括你的身體在內的一切東西，每一樣都不是你的嘛！如此，幹麼還要頓足搥胸？還要怨天尤人呢？

　　　　安住無常，使人免於恐懼，能坦然面對人生的悲
　　　　歡離合，也坦然面對生命的盛衰起落。
　　　　安住無常，使人以平常心過活，每個日子都因而
　　　　充滿寧靜與恬淡。

八、了解因果

佛教的因果，講的是天地間不變的法則，說明人間一切成敗、得失、榮枯、毀譽、稱譏、苦樂之所以發生的原因，以及它後續發展的可能影響。佛教的因果，同時也敍述宇宙星球世界生滅變異的現象，也賦予這些現象之所以形成、變化、毀滅的合理解釋。

因果既是世間不變的法則，它就不能操縱在任何人、神或佛的手中，否則它就會摻雜著自私的喜惡，而被任意地加以扭曲、改變。

人，一旦了解因果的真象，就不會欣羨別人的英挺俊美；也不會嫉妒別人的成功順利；更不會盲目地去追求異想天開的夢想。因為他明白：天底下沒有「無因的果」，世間的一切都「事出有因」。因此，宇宙再廣闊，天地再浩瀚，也絕不會有「不勞而獲」的果實，更不會有「努力耕耘卻無收穫」的怪事。

了解因果，使人心甘情願地接受失敗──那是因為自己的努力不夠，所以尚未聚足成功的諸多因緣。了解因果，也使人懷著謙卑的心去迎接勝利成功──那是累積許多人勞心勞力的創造與奮鬥所致，絕非但憑一己之力所能達成。因此，了解因果，使人「勝不驕，敗不餒」。使人在失敗時，反躬自省，反求諸己，而不怨天尤人；使人在成功時，謙沖自牧，懂得飲水思源，知道回饋感恩。

失敗的反省，使人更加奮發自強，因而凝聚了扭轉命運，再創新局的新生力量；至於成功時的謙卑自抑，則締結了更多更廣的善緣，更奠下可大可久的基礎，醞釀著一場更豐碩的收穫。

有些父母不能接受這樣的事實：「自己的孩子比別人的成績差。」因為他們認為：自己的遺傳基因好，孩子比別人的聰明伶俐，當然成績也該高人一等才對。可是這些父母從來不反省：我付出的時間和精神，有沒有比別人的多？我教育孩子的方法，有沒有比別人的合理、管用？

這些父母只看到事實的表象，不能了解事實的真象所涵蓋的萬千因果關係。換句話說：他們只見其一，不見其二，不能一窺究竟，所以內心才會忿忿不平。如果，他們能深入去探討，當他們發現：別人的父母曾撥出更多的時間，給予孩子更多的關懷和鼓勵，而且不惜請教專家學者，因而學得更多、更正確的教育方法和原理。如此說來，別人孩子的成就超越了自己的，這不是天經地義的嗎？你說這了解「因果」之後的父母，還會埋怨上天對自己不公平嗎？

中國的春秋時代，晉獻公因為寵愛驪姬而逼死太子申生，並且改立驪姬的孩子為王儲。

那時晉文公的處境十分危險，他的舅父就帶他流亡海外。經過十九年，終於得到秦國的幫助，奪回了江山。

文公回國的前一天，軍隊在黃河邊紮營。文公一想

到十九年的流浪生活即將結束，明天就要登上王位。忍不住得意忘形的說：「把粗糙的碗筷、草蓆全都甩了，明天起就要換上精緻的食器，改睡柔軟華麗的床鋪；還有，那些被太陽曬得膚色黝黑的，以及走路一跛一拐的將士，明天回國時全都排到隊伍的後面去，以免影響到軍容的壯觀。」

文公的舅舅聽到這個消息，半夜自個兒起床，蹲在黃河邊傷心哭泣。

文公得知消息，就問他舅父說：「幹麼哭呢？我明天就要回國當王了，這不也是您多年的心願嗎？」

「我不走，你自己回國去當你的王吧！」他舅父黯然地說。

「為什麼呢？」文公問。

「因為你太忘本了，這些碗筷、草蓆，都是陪伴你近二十年的東西，你卻一點兒也不知珍惜；至於那些被曬黑的將士們，正是對你忠心耿耿，而且勞苦功高的人，你不但不知感恩圖報，反而要羞辱他們，怎不叫人寒心呢？」

故事的結局是：晉文公承認自己的錯誤，在黃河邊發誓——永遠感激將士們的患難與共，願意與他們同甘共苦。

我想晉文公如果懂得佛法——了解因果的道理，就不會如此狂妄無知：忽略了要有眾人的擁戴追隨，和他舅父的運籌帷幄，以及秦國的拔刀相助，他才能有機會

在出亡十九年後回國當王。何況，當他回國之後，更需要他舅父的繼續輔弼，以及仰賴這批將士的效忠，才能維持政權的安定和國家的繁榮。對晉文公來說，他才能高枕無憂地過著他的帝王生活，享受著他得天獨厚的逍遙歲月。

佛法雖然傳世逾兩千五百年，世界上的絕大多數人卻仍然無緣聽聞。由於他們對因果觀念的模糊和無知，因此經常可以聽到不少人發出許多的不平之鳴：

「張三心存仁厚，樂善好施，卻膝下無子，活不到五十歲就一命嗚呼！」

「李四心狠手辣，壞事做絕，卻是福壽全歸，兒孫滿堂。」

原來佛教講的因果是「通三世」的，也就是說：因果是承接過去無窮世代的無數因緣條件而來；又加上今生今世的不同行為造作，所以必然會再影響數不盡來生來世的後續發展。

想到了嗎？人們看到張三的中年早夭，又沒有子嗣延續香火——他們僅僅是看到張三的這一世，知道張三是好人，卻因為他的得不到好報應而覺得大惑不解。其實，如果把因果再推到前一世、二世、三世……乃至無盡的前世來觀察，可能就會發現：過去的張三竟然是土匪、強盜，打家劫舍，害人無數；也曾經逼良為娼，走私販毒，戕害人的生命。這時，人們才會恍然大悟，不會再懷疑因果的正確性。

同樣的道理，人們看到李四的無惡不作，卻又能安享天年，多子多孫——他們也僅僅是看到了李四的這一世，知道李四是壞人，卻因爲他的得到好下場而百思不得其解。其實如果也把因果推到前一世、二世、三世……乃到無窮的前世來研究，可能就會發現：過去的李四曾經是良醫、良相，安邦定國，功在社稷；曾經是傑出的良師，春風化雨，誨人不倦。這時人們也才會一掃疑雲，不會再誤解因果的準確性。

看到這兒，我們才會明白：原來因果是貫通三世的，它是持續而完整的，不能只切下靜止的一小段來觀察。否則，將無從窺其全豹，而且容易產生誤解。

由於因果關係的錯綜複雜，它的來龍去脈更不是三言兩語所能道盡；加上它的演變進行，如同瀑布，沒有片刻的停止。因此，人們往往又會生起這樣的疑問：「咦，奇怪，我們三個人平日都在做善事，爲什麼遭遇各不相同？」

同樣做善事，爲什麼報應會不同呢？先不必爲此困擾，也不必濫發牢騷。答案並不難懂：因爲各人所做善事的本質、種類並不相同；而且各人行善的動機和內在的存心也迥然有別；再說，行善時間的長短，付出勞力的多少，各人也不相同。既然有這麼多個「不同」，它們的結局又怎會一模一樣呢？

以下，舉個淺顯的例子來說明：

有甲、乙、丙三人同時種東西——甲種白菜，乙種

番茄，丙種蘋果。

二十天後，甲的白菜已經長得亭亭玉立；乙的番茄雖然欣欣向榮，卻距離開花結果，尚有一段時日；至於丙的蘋果，說來可憐，才剛抽出嫩芽呢，必須再等三年才能枝繁葉茂。

因此，了解因果才會使人明白事實的全盤真相；使人因而學會等待，學得心平氣和。不會心存僥倖；不會貪圖非分。進而願意以一分的勞力，換取一分的收穫，接受「如是因，如是果」的自然法則。

除此之外，了解因果的人也不會誤解因果，把因果解釋為：我前世殺你，所以今生我會被你殺。這是大錯特錯的觀念，因為這種機械式死板的因果論，會使人生變得毫無情趣，也毫無希望。

不過，還是有人會忍不住提出異議：「『惡有惡報，善有善報』，不是千古不移的定律嗎?」且慢，不要混淆視聽，先請聽我說分明：

佛教講的「因果」，說的是具足「因緣」才有「果報」。什麼叫「因緣」呢? 簡單說是：「生成的條件」；詳細說則是：直接的因再加上間接的助緣。舉個小例子來說：芒果種子是「直接的因」；日光、水分、土壤、肥料、人力等等是「間接的助緣」。有了這兩種「因」和「緣」，才能長成一顆高大茂密的芒果樹。

從這個小例子，我們可以了解：宇宙間任何事物，

只有「因」，不一定能形成「果」，爲什麼呢？因爲這中間還有許多「助緣」在裡頭，缺少其中的一項條件 (緣)，任何「事」就要功虧一簣，而任何「物」也要功敗垂成了。

　　所以透徹了解因果的人，就會更謙卑、更感恩，更懂得去廣結善緣。別忘了，連佛都要説：「未成佛前，先結人緣」。做人能謙和知足，對大衆能心懷感激，處處廣結善緣，處處都會受到歡迎。這樣的人生，不就充滿喜樂了嗎？

九、安頓生命

　　科技文明的進步，帶給人類迷失與墮落。使人一味追求物質生活的滿足，使人麻痺於肉體感官的刺激，有識之士早已深感隱憂。

　　然而最爲可悲的，不僅於此，而是：有愈來愈多的人渴望衝出煩惱的樊籠，極力地想要擺脱痛苦的糾纏。不過，他們之中卻有極大多數的人用錯了方法，走錯了方向──把身心寄託在外在的事物上。而外在的事物中，沒有一樣是人所能自作主宰的。因此，人們終究要墜入失望的深淵，也必然會失去一切依靠，茫然不知該如何繼續過日子，不知該如何走完剩餘的人生旅程。

　　「寄託」既不可行，那又該如何呢？我想「安頓」

身心，才是生命得以解脫的不二法門。安頓是怎麼一回事呢？寄託又是什麼呢？而它們兩者之間的差別，又在那兒呢？如果不先了解這些內容，人活在世上，就極有可能步上錯誤者的後塵，一輩子都無法獲得身心的解脫。

底下是簡單的分析與比較：

寄託是借助外緣或外境，來麻痺身心，暫時使自己陶醉在其中，然後得到一種欺騙自己的快樂。像：人在心情苦悶，無從排解時，就去打打電動玩具，搓搓麻將，藉此鬆弛一下，發泄一下，似乎就會覺得輕鬆了許多。

安頓則是：靜下心來，透過觀照來認清煩惱的根源，對症下藥，來加以連根拔起。換句話說：安頓是自我開發內在的潛能——一種可以使自己身心愉悅的智慧。它是人人具有的，所以不必假借外物來麻痺、來發泄、來安慰自己。

如果借用中國古典詩詞來說明，那麼：「少年不識愁滋味，為賦新詞強說愁」，就是寄託。它是暫時的寄情與移情作用，並沒有使自己真正掙脫煩惱的束縛；而「松室夜燈禪影靜，佛庭春雨道心堅」，則是外在的居家環境與內在心靈的水乳交融。生活其中，和諧寧靜，怡然自得。這就是一種「身心的安頓」。

李後主慘遭亡國變故，身心遭受煎熬，只能寫下：「春花秋月何時了，往事知多少？……問君能有幾多愁，恰似一江春水向東流」的血淚字句，來發泄身心的痛苦，這是世俗之人的寄託方式。

再看禪宗六祖惠能，他以智慧照見：外在事物的幻起幻滅，一如空花水月。沒有一樣東西能生起，沒有一絲煩惱能困擾人的心——甚至連一顆能被煩惱所汙染的心也無從覓得。因此他說：「菩提本無樹，明鏡亦非臺，本來無一物，何處惹塵埃？」這首偈在告訴我們：天地間，連一物都不能真正存在，那還有被束縛的心？既無被束縛的心，何須尋找寄託的地方呢？人一旦參透了這一層，身心自然得到安頓了。

這層道理似乎深奧難懂了些，以下我們再加以分析、闡明：

以前禪宗三祖僧璨去找二祖慧可，請他替自己安心。慧可說：「你把心拿來，我就幫你安。」

僧璨聽了，馬上就豁然開悟。很多人看這個禪宗公案，依然不了解僧璨到底是悟了些什麼。如果我們拋開深奧的禪理，而直接用簡單的話來回答，那僧璨就是悟到：人的「心」不能用「安」的方式，來使得它自在、無憂。為什麼呢？因為人一旦想要安這顆心，那就非得先把「心」挖出來，抓起來，然後才能安置它。但是，事實上心是無從捕捉的，我們又從何安起呢？

《金剛經》上說：「過去心不可得，現在心不可得，未來心不可得。」那是因為眾生自以為擁有的這一顆「心」，其實是天天在那兒胡思亂想的妄心——思緒起伏，如同排山倒海的大浪，如同滾滾東流的波濤，沒有片刻的靜止，也沒有半晌的停留。

我們的心既是像「流水般地遷流不停」，那過去的心，像逝去的東流水，一去不回，何處去尋覓？而未來的心，則像尚未流到的水，何處能發現它的蹤跡？至於現在的心，只是假設的存在，它是過去和未來的想像交會點，而過去和未來的既然都不存在，試問兩個都不存在的交會點，它又怎麼會是真實的呢？所以六祖惠能才說：「三心不可得」；又說：「覓心的了不可得」。

別再鑽牛角尖了，人的心──不論是過去、現在或未來的，既是虛妄不可掌握、執求的，那麼一旦將之掃除乾淨，自然煩惱不再有，顛倒夢想也不再生起。

想通了嗎？老想「安放」自己的心在「某處」，不就是想把心「寄託」在某處嗎？而心既不可求，如何能安？既不可安，不就等於心之不可能被寄託嗎？既不可寄託，你卻用盡心思想要安置它，如何能不徒生煩惱？自惹麻煩呢？

我們環顧一下紅塵眾生：有些人把自己的生命寄託在彈鋼琴上，可是一場車禍卻使他失去雙手，從此只能悵然面對黑白琴鍵；有些人把自己的一生寄託在美酒上，可是幾十年的狂飲大醉之後，他的肝臟早已硬化，從此也只好讓「金樽空對月」，過著無聊的人生；也有些人把生活樂趣寄託在郊遊爬山上，可是突來的股票重挫，使得他的精神差點為之崩潰，慌亂得不知所措；更有些人把自己的幸福寄託在工作上，可是付出一輩子的寶貴歲月，他終於退休了，離開工作崗位，生活頓失重心，

這時才感受到人生的淒涼與無奈。

曾經聽過這麼一個笑話：

有一位剛從軍旅退休的空軍上將，一時之間不能適應老百姓的生活。因此每天茶不飲，飯不思，連覺也無法好好地睡。

他的家人最後替他做了這樣的安排：在客廳上安裝了一套音響，每天清晨五點鐘，就會自動地播放起床的號角，同時響起軍機凌空飛越的聲音。如此一來，這位上將才能喚回昔日的回憶，想像自己再度置身在軍旅中。一切生活起居才又稍微恢復了正常。

一九八五年，我旅居美國，認識一位姓張的中國留學生，才華洋溢，人又彬彬有禮。不過，閒來沒事，他就是喜歡打麻將，而且輸贏滿大的。

我曾經問他：「為什麼獨好此道？」

他說：「打牌可以舒解生活的壓力，只要一上麻將桌，我就覺得全身帶勁，渾身快活。」

然而，就在他剛通過博士論文審查，準備應聘回國教書時，卻傳來罹患肺癌的消息。

我去看他幾次，每次都勸他：「好好地修持佛法，以佛法作為安頓生命的方法。」

「我認為依靠麻將就行了。」沒想到他還是執迷不悟。

「可是，你還能繼續玩多久呢？」我仍然勸他。

「誰曉得呢？能玩多久就玩多久，我才不在乎呢。」他回答得如此輕鬆，倒出乎我的意料之外。

肺癌的惡化速度很快，半年後他就幾乎無法自行下床了。在撒手人間的前一個星期，他仍然不死心地邀來三個老牌友，作生平的最後一次方城之戰。

老朋友相互約好：這一次只許讓張君贏，絕對不能讓他輸。就在大家有意地放水下，八圈下來，張君大有斬獲，贏了不少的錢。

此時，張君不發一語，默默地注視牌桌上一張張的麻將，無限依戀地用手觸摸著它們。突然間，張君伸開雙手緊抱著麻將，整個上半身扒在桌子上，嚎啕大哭起來，直把大家都嚇了一大跳。

隔了一陣，張君才一臉淚水地抬起了頭，對著大家說：「我今生有恨。」

「恨什麼呢?」朋友問。

「我只恨兩件事：第一，從今以後，我再也沒機會打麻將了。第二，我一生愛打麻將，幾乎把它看作生命的全部。可是對麻將我雖情有獨鍾，它卻不能在我病危之時挽救我的生命。」話剛一說完，張君又發出更淒厲的哀號，叫人聽了也不禁悽然淚下。

這是一個活生生的例子，足以拿來說明：把自己的身心寄託在身外事物的不可靠。

前面說過，寄託是借助外物、外緣或外境的麻痺，使自己暫時陶醉其中。然後欺騙自己說：「我得到安慰了，我獲得解脫了。」而「安頓」則有所不同，它是出自內心的反省與觀照，是理智地認清、勇敢地面對、圓滿地克

服。如此，才能使得眾生的生命，獲得源源不斷活泉的滋潤，並且能讓眾生在生命的旅途上，透過安頓的支撐與攙扶，平穩而順利地履險如夷，平安快樂。

這兒就舉「念佛」作例子，用以說明「念佛」可以作為眾生在生死怖畏中的依怙——它能安頓眾生的生命，陪伴眾生度過憂慮與恐懼。換句話說：「安頓」是眾生人生旅程的全程參與，是眾生一生一世的長久陪伴，它不會逃脫，不會背離，更不會臨時失靈。

二十九歲那年，我生了一場重病，被送到省立高雄醫院急救。我雖然命在旦夕，但是神智還滿清醒的，所以急著要念些經文或佛號，以防萬一——死後可以蒙佛接引，到清淨的國土去，免得再輪迴投胎，受苦受難。

我先背《金剛經》，但經文太長，剛唸幾行就覺得呼吸困難；於是我改背《阿彌陀經》，唸不到兩分鐘，我就忘了底下該怎麼接；我只好又改背《心經》，沒想到只有兩百六十字，平日背得滾瓜爛熟的東西，在緊急之際，卻老是在中間的經文打轉，怎麼背都背不到底。心裡又急又氣，額頭直冒冷汗。

母親平日的修持功夫深，她看到我的狼狽相，就在我的耳邊輕輕地說：「萬緣放下，一心念佛吧！」

像九霄雲外傳來的鐘聲，突然喚醒了我的迷夢：「對，彌陀是苦海的慈航。我十二歲就懂得唸佛了，現在為什麼不唸呢？」

母親逕自用海潮音唱起了莊嚴的彌陀聖號。一聲聲、

一陣陣，像海潮一波一波地湧來，傳入耳鼓，送入心扉。好悅耳，好親切。一刹那間，我不再恐懼，不再徬徨，不再焦慮，我渾身感到輕鬆快活，獲得了釋放與解脫。

有人懷疑：唸佛不就是把自己「寄託」給阿彌陀嗎？不是的，因為在「南無阿彌陀佛」六個字中，「南無」是向佛看齊與學習的意思——學習佛的智慧、慈悲、願力、精進……。眾生透過見賢思齊的潛移默化，來提昇自己的境界，磨鍊自己的智能；再透過自力救濟來解除身心的枷鎖，進而使自己達到跟佛一般的圓滿完美。這樣的唸佛，又怎麼會是一種依賴、偷懶、逃避的寄託呢？

當然，安頓生命的法門不只念佛一種，你可以代之以打坐、參禪、持咒、觀想、布施、忍辱、持戒……總之，八萬四千法門，無一不可作為生命的安頓。

我常常勸告立志學佛的青年學生：趁著年輕力壯，趁著沒有家累，還有空閒時間看書時，好好地坐下來追求、探討一種安身立命的學問。這種學問可能無助於升官發財，也不能作為沽名釣譽的工具。但是它可以啟迪生命，可以引導生命的舟航，在濃霧瀰漫之際，憑藉它來渡過驚濤駭浪，安然地駛向清靜、快樂的港灣。

> 學佛，是眾生安頓身心最穩當的捷徑；而安頓才能使眾生的身心，不再漫無著落。安頓，使人安心，使疲乏的身心得到歇息。

十、懷抱希望

希望，是生命中的陽光、水分和空氣。它使人得以天天安穩過日子，不用擔心會因為冰冷、乾渴和窒息而死亡。

希望，使人的生活，充滿期待，醞釀充沛的活力；也使人勇氣十足，敢以面對人生的一切挫折，接受一連串的挑戰。

希望，是快樂的音符，可以把平凡的生命譜成一首快樂的歌。

小時候，我有難以治癒的頭癬。每次爸爸為我抹藥，我都會哭得死去活來。我不在這兒說明它的「慘況」，大多數的人會以為我在誇大其詞：記得塗藥時，爸爸總要把我夾在他的雙腿間，叫我動彈不得。為了讓藥水能夠深入皮膚，爸爸就用鋒利的刮鬍刀片，把我的頭皮刮得滲出血水來。然後再撈起浸在滾開熱水中的棉花，趁我無力掙扎時，緊壓在傷口上——作為消毒。

一直到今天，我記憶猶新，每當爸爸喚我到他面前，準備上藥，我就嚇得臉色鐵青，全身哆嗦，幾乎快要癱瘓。總要母親不住地連哄帶騙：「別怕，今天抹了藥就好了。」我才稍微感到好受些。等到父親在刮、燙頭皮，而我悽厲地哭叫時，母親總是說：「這是最後一次，明天頭癬就會好了。」

每當絕望無助時，聽到母親的話，我自然就會閃過一絲兒希望。就像摔落在一口又深又暗的地洞中，突然發現有人拿著一盞小燈，照進一點兒光；並且拋下一條又細又長的繩子——這就足以振奮人的沮喪，激發人求生的欲望了。

　　我和頑癬的對抗，前後長達三年，才得以擺脫抹藥的痛苦夢魘。但是，三年——超過一千次又刮又燙的折磨與煎熬，卻都是在滿懷希望中度過的。為什麼呢？因為母親的那一句話：「這是最後一次，明天就會好了。」帶給我期待，也帶給我安慰，使我身心所受到的痛苦，似乎頓時減輕了許多。

　　可不是？每當我哭叫著：「媽媽，媽媽，您說過明天就會好了，為什麼今天爸爸還要刮我、燙我？」

　　母親的回答總是千篇一律：「沒錯呀！媽媽是說『今天塗了藥，明天就會好了。』媽媽可沒說『今天就好了，今天就不用抹藥了』。乖，不哭，不哭！」然後又是老套陳腔：「今天是最後一次，明天就會好了！」

　　就像這樣：一而再，再而三，天天不停地重演著抹藥的故事。如今想起來，母親並沒有撒謊，因為真的在三年後的某一個「今天」——我的頭癬終於好了。那個「今天」，真的是最後一次，而隔天的那個「明天」開始，我也真的不必再挨燙受刮了。

　　生活在希望之中，使人生找到可以活下去的理由；使生命拓展了可以成長發揮的天地。人會在一時之間，

驀然發現：人生變可愛了，生命也變得活潑而有生氣了。

懂得學佛的人，其實天天都活在希望之中。因爲依照佛教的說法：人人都具有佛性——都隱藏著像佛一樣豐富的潛能和圓滿的智慧。這與生俱來的佛性，不必靠他人賞賜，也不必向外去追求，人人具足，個個本有。

人人既然保有成爲偉大覺者的機會，那麼雖然目前低下卑賤，卻也不必悲觀、頹喪，因爲人人都有成佛的希望。舉例來說：金，是從金礦中提鍊出來的，所以雖然目前你只是一塊礦石，卻不必在金子的面前，自慚形穢，因爲在自己的礦中，隱藏著成爲金的潛能，所以只要透過百鍊，還怕不能成爲純金嗎？

韓愈說：「聞道有先後。」那先聞的就是佛，後知的就是平凡的眾生。換句話說：先知先覺的叫做佛，而後知後覺的人就叫做眾生了。千萬要記住：聞道的先後，只是時間的早晚與快慢，並無關聞道境界的高低和品質的好壞。

再舉例子來做說明：一顆完美的寶石，亮麗耀眼；而未經琢磨的璞玉，則是黯淡無光。可別妄加分別，因爲璞玉雖非十全十美，但是任誰也不能否認——它的光輝暗藏，只要功夫用得深，有一天必然亮光四射，贏得人們一致地喝采和讚美。

眾生，不就是金礦？不就是璞玉？因此，根本不必自暴自棄，也不必妄自菲薄。因爲金礦能成金，而璞玉也有變寶石的希望。既有希望，何必自卑？又何必自憐呢？

佛家主張：「煩惱即菩提」。一個煩惱重重，心情惡劣的人，其實也不必悲觀，因為只要掃除內在的汙染，就像綿綿細雨，連月不開，只要風向轉變，一掃陰霾，太陽自然露出笑臉，顯現晴空萬里。

煩惱——是由人的欠缺智慧和人心的執著所產生出來的。它來無影，也去無蹤，因為煩惱只是幻影、幻相，並非有一種真實的東西叫「煩惱」。所以六祖惠能才說：「菩提本無樹，明鏡亦非臺，本來無一物，何處惹塵埃？」

看過雁子飛過寒潭嗎？所謂「雁過寒潭不留影」，就是把雁比作「煩惱」，把寒潭比作「心」，心是不留任何煩惱影子的。

看過電影嗎？螢幕上——一會兒刀光劍影，打殺不止；一會兒山色水光，美不勝收……然而，就在燈光亮起的那一瞬間，所有的影像、聲光一時俱逝，螢幕上空無一物，而且片塵不留。

煩惱既是一時的幻化影相，你我又何必記掛在心？如何找出對治之道，好尋回心的純淨、靈明，才是當務之急吧？

到過海邊的懸崖峭壁嗎？每當強風來襲，那「驚濤裂岸，捲起千堆雪」，固然叫人驚心動魄；但是一旦強風遠走，波平浪靜，又是水天相連，海鷗翔集的另一番景象。

內心湧生波浪的時候，不要惱怒，不要頹喪。別忘了波浪的出現，只因為暫時遭受欠缺智慧的「無明之風」

所吹襲。只要記住：風浪總要過去，總要平息。而一旦風浪平息，不就心平氣和了嗎？

所以古人才說：「青山本不老，為雪白頭；綠水原無憂，因風皺面。」因為風與雪，像人的煩惱，畢竟是來無影，也去無蹤的嘛！

在中國佛教史上，出現過一位道生和尚，他反對當時佛教界普遍的說法：「一闡提——惡性重大的人，斷絕了善根，永遠不會成佛。」而自始至終堅持：所有的眾生，包括一闡提在內也必然會成佛。他雖然一再遭受佛教界無情地攻擊和排擠，仍然不改初衷。等到《大涅槃經》傳入中國之後，打開經典，在頭幾行的地方，赫然就發現有：一闡提也能成佛的記載。

道生和尚的擇善固執，不放棄自己的信念，正是他不放棄「眾生皆能成佛的希望。」這希望太重要了，為什麼呢？因為那正是佛教有別於其他宗教的原因。其他的宗教認為：人與教主之間，永遠是不能畫上等號的，也就是說：無論人類如何地努力，都不能自我提昇到跟教主一般地偉大、完美。而佛教的主張卻大異其趣，認為佛與眾生只是「師生」的關係，學生只要好好地學習，就有機會成為品學兼優的老師，日後也能從事教學的工作。

道生和尚堅持眾生皆能成佛，為不慎犯錯而墮落的人，爭取一絲兒改過向善、「放下屠刀，立地成佛」的希望，用心是良苦，發心是可佩的。有了這一點希望，千

千萬萬的人類才有浪子回頭的機會，才不致於掉入其他宗教所主張的所謂「煉獄」之中，永受沈淪，而逃脫無門。

其實道生和尚的主張，不就是佛教的主張嗎？佛教對眾生皆能成佛的信心，不啻是把希望的種子埋入人類的心田中。每一個地球上的人只要記取：我是未來佛——我具有成佛的潛能。這時，走在路上，不該抬頭挺胸嗎？對待別人不該多摻進一些仁慈和恭敬嗎？因為別人也是未來佛呀！而對於自己的明日，社會國家的前途和世界的將來，不是也該懷抱更多的期許和樂觀嗎？

有希望的人生多美好，有希望的世界多可愛！人，不該懷抱希望而生活嗎？

十一、心中無恨

恨，像無情的火焰，瞬間可以焚毀許多東西，包括國與國間的和平，人與人間的友誼，社會的安定，甚至人的寶貴生命。

《大日經》上說：「一念瞋恚火，能燒無量劫善根。」可見瞋恚之火，雖起自小小的一念，卻如同星星之火可以燎原——能燒盡無量劫以來所修持、培育的善根。你說可怕不可怕呢？

一個人如果心中有恨，就如同千斤巨石壓在頭頂，

使自己被壓得喘不過氣來，生活如何愜意？心情如何恬適？

《百喻經》裡，有一則怒火焚身的故事：

> 有人因為細故和朋友發生口角，他因而懷恨在心，極思報復。
>
> 經過多方的尋訪，他終於找到一種奇毒無比的咒語——用這種毒咒可以害死對方，不過自己也要因此而喪生。可是在報仇心切之下，他不計後果，不惜犧牲，仍然咬牙切齒地唸咒施法，最後對方固然是被咒死了，但自己也吐血而亡。

想想看：為了報仇，自己也賠上一條命，這不是愚蠢的行為嗎？

有人說：心中有恨，如果不加以宣洩，又如何一吐內心的委屈和不平？又如何能彰顯世間的正義和公理？事實又未必盡然。因為發洩內心的憤怒，固然輕而易舉，然而，收拾發洩之後的殘局並不容易。這中間包括遭受報復者所受的傷害，以及報復者自己在一時衝動之後，所引發的良心不安和譴責。

《百喻經》中，就提過這樣的故事：

> 某國王因為一時疏忽，聽信奸臣的讒言，在怒不可遏之下，就從忠臣的右腿挖下一斤肉，作為懲

罰。忠臣由於疼痛，所以天天呻吟不停。

不久，眞相大白。國王對奸臣十分氣惱，爲了替忠臣討回公道，也從奸臣的右腿挖下三斤肉，作爲補償。

可是，忠臣仍然因爲疼痛而叫個不停。國王不高興地說：「哼，我才挖你一斤肉，卻足足還給你三斤，你還叫？眞是太貪心了！」

忠臣告訴國王說：「如果大王被人誤砍了腦袋，雖然事後送來十個作爲補償，能叫您起死回生嗎？」

這個故事，最少可以提供我們省思：一時的怒氣，往往使人喪失理智；而盲目地加以懲罰或報復。不但帶給別人無可彌補的傷害，也留給自己永遠的愧疚！

人的一生，遲早會遭遇許多不如意的事，也會碰上不爲自己所喜歡的人。胸中必然會因此而燃起瞋恚之火。這把怒火常燒得眾生肝腸俱焦，焚得眾生面目全非。可是一個眞正學佛的人，如果能對佛法多用點心，嘗試從裡頭去尋覓人人心中本有的那一泓甘泉，就可以澆滅心中怒火，就可以滋潤心中枯槁的心田，使自己因而獲致清涼舒暢。

有人說：恨別人的人，是天下最傻的人。爲什麼呢？因爲恨別人的人，先要恨自己。也就是說：人在恨別人之前，必須讓自己先動怒起來——盡量去找對方的不是，加深彼此之間的矛盾；接著一再醜化、痛斥對方，慢慢

地使自己呈現一副「兇相」：眼露兇光、臉色鐵青、全身顫抖。

恨別人，自己也要付出代價，而且這種代價十分昂貴。舉個例說：恨別人，常常使自己喪失平日所辛苦建立起來的形象，因為當你口吐穢言，出口成「髒」；或向對方施暴，拳打腳踢之時，常叫環繞在你四周的親友，大驚失色。(可能有許多人一直把你當作偶像來崇拜也說不定。)試問：你的輕率、野蠻的表現，怎不叫他們大失所望呢？

《大智度論》中，有一句話說：「瞋恚，法樂之怨家。」人的心中一旦有恨，就不能體會真理的快樂了，當然也不能從佛法中得到任何解脫的喜悅。因為憤恨與快樂，是截然不同的兩件事。憤恨，極具瘋狂的破壞性，會使人受傷害，會加深人類間的誤會與嫌隙；而快樂卻是來自人與人間相互的和諧、包容，來自相互間的體諒與關懷。

學習佛法，就要學習向無怨無尤、無瞋無恨的佛陀看齊。佛法講的是：「百川入海，同一鹹味。」這是一種包容和接納。佛教反對排斥、仇視別人，反對人與人間的相互敵對。

不恨別人，看起來好像自己吃虧，其實不然。心中無恨的人，如釋重負，天寬地闊，既輕鬆又自由，這才是世間的有福之人。

我服務教育界近三十年，每逢鳳凰花開，正是學子

高唱驪歌的時刻。記不得曾有多少學生，用深情翹盼的眼神望著我，手裡拿著紀念冊，希望我寫下臨別的誠摯祝福。早年，我寫的不外乎是：「一帆風順」、「心想事成」、「鵬程萬里」一類的世俗文字；學佛之後，我最常題的幾個字，卻是出自〈普門品〉的：「慈眼視眾生。」

　　什麼叫做「慈眼視眾生」呢？就是用慈愛之心來看待一切有情（眾生）。心懷慈愛，就不會有惱怒，就不會想傷害對方。那觀世音菩薩一旦把眾生都當成自己的骨肉至親，「愛之、濟之、撫之、慰之」，尚且都來不及，又怎會「瞋之、恨之、怨之、氣之」呢？所以，慈眼視眾生的人，就會覺得「人人皆可愛」了。

　　過去，我曾在佛前發願：「希望我臨命終時，能無疾而終，而西方三聖騰雲駕霧齊來迎接。我在一念頃，就飛越十萬億國土，直奔極樂蓮邦。」

　　今天，我依然在佛前發願，但是內容已迥然不同：「願臨命終時，我捫心自問——心中是否無恨？如果有恨，那我就不配往生西方淨土。」因此，我希望在有生之年，不論親疏，不計恩仇，我將嘗試不再怨恨、厭惡任何人。

　　有人是否覺得這樣的誓願不夠偉大？可別忘了，建築一條千里的高速公路，只要人才和基金；堆砌一座萬里長城，也只需時間和耐心；而開鑿一道貫穿英吉利海峽的海底隧道，也只需憑藉著資金和技術……。至於滅除心中怒火，卻不只是用水來澆灑就能熄滅。它必須凝

聚智慧的包容與慈悲的寬恕才行啊！

心中無恨，使人的心湖平靜無波。

沒有恨的日子，好快樂！好自在！好幸福！

十二、熱愛工作

人生在世，誰不想完成人生的使命？發揮生命的價值？過著快樂的生活？如果想達成這一連串的目標，那麼「熱愛工作」是極為重要的先決條件。

熱愛工作的人，他一定是全神投入，心無旁騖。此時，天地再大，萬物再奇，也沒有能吸引他而讓他分心的。不但一般人在事業上的成功離不開專心工作、熱愛工作；就是學佛的人為了貫徹他的職志——普度眾生，達到覺悟的境界，那也非得全神貫注不可。

一個人專心而有恆地朝著目標邁進，在佛學上稱作「精進」。精進才能完成自我，讓自己的天賦充分地發展實現；精進才能使「利他」——服務社會人群的事業，不畏艱難地順利開展。

仔細地觀察老師們在學校教書的情形，我們就會發現：有些在課堂上頻頻看表，巴不得快點下課；也有人從頭到尾愉快地講課，甚至忘了下課的鐘聲早已響過。那一再看表的人，往往上課不專心，內心不是想著下課後的麻將牌局，就是急著要趕到證券中心買賣股票。這

些人通常心神不寧，對學生缺乏愛心和耐心。於是課堂上遇有學生不聽話，就會勃然大怒，不是出言羞辱，就是體罰學生。相反的，那些專心上課，聽不見下課鈴響的老師，似乎都是「樂以忘憂」、「不知老之將至」的一群，他們熱愛教書的工作，關心學生，而且以學生的成就為榮。

我年輕的時候，把教書當做「職業」——只當做賺錢的手段，天天糊裡糊塗地過日子；年近不惑，才大徹大悟，嘗試把教書當做是佛門神聖的「修行」——是為了自我磨鍊，普度群生，回饋社會的工作。於是，每次走入教室，都像走入神聖的殿堂，心懷莊嚴肅穆，而一臉虔誠。

然而，把教書當做「修行」，雖然能使自己心安理得，卻不見得能使自己快樂——包括學生們也不見得會快活。於是年過半百的我，又再一次改弦更張。這一次，我希望把教書當做「生活」的一部分，自然而流暢地進行著，並不刻意地想扮好一個「萬世師表」的角色。我也嘗試把教書當做：老師與學生之間的一種心靈溝通與心得分享。老師只是學生的啟蒙者、導航者，甚至只是學生的好朋友而已。

雖然五十歲才懂得和學生做朋友，用自己所知所學的有限知識——透過對真理省思所得的小體悟，拿來和學生們一起品嘗；但是我並不覺得為時太晚，因為學生只要從老師那兒虛心學習，不管它是多是少，都能真正

受益無窮。在他們未來的一生中，也能因此安穩地走過坎坷的生命旅途。

我早年在臺灣的高雄復華中學教書，前後長達十五年。我教的是國文，在課文中多少都會牽涉到與佛教有關的事物。像：教主釋迦牟尼佛的慈悲為懷啦；弘一大師的澹泊閒適啦；人生的聚散無常啦等等。這時，我就會借題發揮，以深入淺出的方式來方便說法——拙作《佛教的精神與特色》就是在這樣的動機與方式之下，逐漸地醞釀成書的。

在我離開學校的若干年後，我才發現往昔所散播的佛法種子，竟然意外地萌了芽。原來當年這些少不更事的莘莘學子，隨著歲月的流轉，逐漸地飽嘗生命的酸甜苦辣與人生的悲歡離合。終於使他們醒悟了世事的變幻，警覺到世間的無常。為數不少的人，就因此走進了佛門，試圖從佛法中去尋找一條合理、可靠的道路，撫慰在人間所受到的一切悲苦和創傷。當然，這些與佛有緣的學生，在往後的日子裡，確實比一般渾渾噩噩、茫然無知的同學，他們的生命中充滿了更多的歡笑與陽光。

看到學生們能從佛法中學到如何過快樂生活；學到如何克服生命中無可避免的困厄際遇；學到如何排遣幾乎是與生俱來的煩惱和業障——這不就是老師們最大的欣慰嗎？

熱愛工作，才能使一個人盡心盡力地貢獻自己的專長；熱愛工作才能使一個人保持對工作的興趣，永遠地

樂此不疲；熱愛工作，才能使一個人發掘自己的潛力，真正有所成就。如此，我們才會肯定自己是個有用的人；承認自己多少盡到了做人的責任。這時，內心才能歡喜無限，才會覺得自己今生的奉獻雖然微不足道，卻也使得自己不虛此行！

除此之外，熱愛工作的人，才會工作得高高興興，在工作中不會牢騷滿腹，不會抱怨時不我予——懷才不遇，有志未伸。

很少有人真正想過：認真而快樂地工作，才能賺得快樂的錢；而賺得快樂的錢，才能過快樂的日子。否則，把工作當作苦差事，心不甘情不願地，那麼賺得的錢就是「艱苦錢」；既是辛苦賺來的，那每一分錢花起來，就會像從身上挖塊肉一樣痛苦；花起來既然痛苦不堪，過的生活自然也就不快樂。如此說來，人不是應該熱愛自己的工作，過快樂的日子嗎？

再看：「佛光山」的開山大師——星雲，早年從大陸一衣一鉢來臺，胖手胝足，篳路藍縷，終於開創輝煌莊嚴的叢林；「慈濟功德會」的創始者——證嚴，以一位弱不禁風的比丘尼，但憑救世救人的慈悲，感召了全臺灣數百萬人共同參與他的菩薩志業。他們成功的祕訣在那兒？無他，熱愛工作而已。為什麼呢？因為發心容易，貫徹始終難，而熱愛工作才能使自己的發心成就驚天動地的偉大事功。

真想過快樂自在的生活嗎？就從今天起，在工作上

聚精會神，不要老是「坐這山，望那山」；老是埋怨別人不欣賞你，社會辜負你，國家埋沒你。就從今天起，默默地工作，可別忘了，舉世聞名的大科學家——居里夫人，就是在設備陋劣的實驗室中，自甘黯淡，快快樂樂地工作，終於發現了鐳質，並且兩次獲得諾貝爾獎。

工作，使人獨立，使人奉獻；熱愛工作，使人真有成就，使人滿懷喜悅。

十三、秉持中道

什麼叫「中道」呢？就是行事「不落兩邊」——沒有太過與不及的毛病。像：不執著於「有」或「無」、「苦」或「樂」、「悲」或「喜」等等。它類似儒家所說的：中庸之道。

舉個例來說明：

一個人的人生觀，如果太悲觀，則畏縮、保守，缺乏進取心；反之，如果太樂觀，則疏忽大意，缺乏深謀遠慮。至於「中道之行」，則是根據事實的真象，衡量它的輕重緩急，既不退怯也不躁進，因而使得整個人生充滿自在無礙。

再舉個小例補充：

一個人的生活，如果太節儉，則過於省吃儉用，往往流於吝嗇；反之，如果太浪費，則揮霍無度，失之奢

侈。至於中道之行，則是當用則用，該省則省，自己完全能拿捏得準。

《四十二章經》中，記載了一段有關「彈琴」的故事，它是用來比喻「中道修行」的重要：

> 有一位沙門，在深夜誦讀迦葉佛的遺教經，聲調非常地悲愴悽涼。他想到自己這麼用功修行，連半夜都犧牲睡眠起來誦經，卻不見得自己的道行有所增進，因此泄了氣，不想再修行了。
>
> 佛就問他說：「你未出家以前，操的是什麼職業呢？」
>
> 沙門回答說：「我喜歡彈琴。」
>
> 佛說：「琴的弦太鬆，拉得出聲音嗎？」
>
> 「不能。」
>
> 「如果弦調得太緊呢？」
>
> 「太緊弦會斷，也拉不出聲音來。」
>
> 「如果弦調得恰到好處呢？」
>
> 「那就可以拉出各種和諧美妙的樂音了。」
>
> 佛又告訴沙門說：「同樣的道理，一個出家的沙門想要修行學道，如果安心地學道，道即可成；如果求道之心太過急切，拼命用功，身體就容易疲憊。身體一疲憊，心就煩躁不安，心一煩躁不安，修行就受阻礙，修行一受阻而退轉，就會再招來許多罪過了。因此，只有按部就班，在身心平衡，

清淨安樂的情況下，才能保持自己修行的道心，才不致讓道心失落。」

　人的日常生活，如果完全放縱五欲，絲毫不加以限制與導正，固然是百病叢生，禍害無窮；但是，如果一味地加以禁絕壓抑，又是如何呢？那必然是身心失調，了無生趣。

　社會上有不少的人，他們對修苦行的人，盲目地嚮往與模仿，認為非得如此，不能算是佛門中人，也不能在菩提道上獲得任何成就。然而，事實卻未必如此，為什麼呢？因為如果修苦行就能開悟證果和了脫生死的話，那麼畜生道中的牛、馬、駱駝，將來必然可以超凡作聖——因為牠們都是一生背負重擔，行走遠路，備極了辛勞。不過，這卻是錯誤的邏輯推論，事實上，牛、馬等畜生雖一生受苦，不見得來生就能投胎做人。

　自古印度人就迷信苦行——認為人最好在生前糟踏、戕害肉體，死後才可以使自己得到靈魂的解脫。所以一直到今天，還是有一大堆人執迷不悟，仍然前仆後繼地拿利刃割身；用尖刀刺腿；把自己倒掛在樹上；光著身子任憑日曬雨淋。當然他們的愚行，只是暴露他們的無知，又如何能獲得實質的益處呢？

　釋迦牟尼佛一向反對苦行，因為他在修行的過程中，就曾經遭受苦行之害——他在雪山苦行六年，每日只吃一米一麻，弄得形容枯槁，有氣無力，終至昏倒在地。

最後，因為喝了牧羊女所供養的乳汁，才得以稍稍恢復元氣。從此，釋迦牟尼佛完全摒棄苦行，而主張中道，最後也因為憑藉中道之行而悟道成佛。

人不應該看到別人的無謂苦行，自己就盲目模仿，一頭栽入，因而不克自拔；也不應該看到別人的錯誤修行而胡亂地喝采。因為這些透過偏激手段的修行，不能使人快樂。有些人吹噓自己一天「打坐」二十小時；「唸佛」十萬聲；「持大悲咒」九千次……，逢人就自我炫耀、宣傳，目的在贏得別人羨慕的眼光，以及嘴上發出的嘖嘖稱奇。更有些人強調「過午不食」的重要：凡是不能持午的人，他們就不屑一顧，認為這個人的食慾太重，功力不夠。

底下，我們姑且不厭其煩，逐一檢視這些自以為是偉大修行者的修行項目，看它們又能代表什麼樣的功德或善行呢？如果有人真的一天打坐二十小時，請問這人一天還剩有多少時間用來睡眠、工作和服務人群？如果一天唸佛十萬聲，請問這人一天下來，不會因而舌敝唇焦嗎？而一天持九千次大悲咒，不就唸得天昏地暗，日月無光？至於「過午不食」，則完全應該看一個人的身體健康和飲食習慣來決定，何必硬要跟修行的功夫牽扯在一起呢？

這裡順便說一段「一天吃幾頓」的公案：

佛的堂弟提婆達多為了爭取教團的領導權，所以

故意標榜自己比佛吃得少——用來證明自己比佛
有修行。

有人把這件事告訴佛，佛就說：「一天吃幾頓，吃
多少，這跟修行成佛並沒有多大的因果關係。因
為吃飯只是為了補充能源，維持體力。」

佛所說的話，十分合情合理。比如說：你有胃病，
你就可以少量多餐；你太過肥胖，就可以少吃一、二餐；
而最重要的是你要吃出營養和衛生來。有了充沛的體力，
才能弘法利生。

可不是嗎？吃太少，飢腸轆轆，如何安心、專心修
行？吃太飽，肚子脹滿，如何打坐參禪？所以飲食有節
制，身心才能舒適愉快，這就是中道之行嘛！

最後，引用《百喻經》中〈愚人食鹽〉的故事，來
加深大家對「中道之行」的了解：

昔有愚人，至於他家。主人與食，嫌淡無味。主
人聞已，更為益鹽。
既得鹽美，便自念言：「所以美者，緣有鹽故；少
有尚爾，況復多也？」
愚人無智，便空食鹽。食已口爽，反為其患。

想想看：食物中不放鹽巴，味道不夠鮮美；放多了
也叫人吞嚥不下。唯有「恰到好處」——不多也不少，

才能叫人吃得舒服。這「不多也不少」，就是「中道」嘛！

> 中道，使人輕鬆愉快地修行！
>
> 中道，使人自在無礙地生活！
>
> 中道，使人量力而爲，使人循序漸進，也使人在學佛的道上，一路順風，水到渠成。

十四、親善知識

「善知識」，是對佛學有造詣的人；是對人生有體悟的人；是在修持上有成就的人。善知識可以指導眾生學佛，解決眾生的疑惑，使人因而袪除煩惱的束縛，達到身心自在的境地。

佛教雖然肯定人有佛性，都有成佛的希望。但是，那並不表示：人會自然地成佛，或是在偶然之間莫名其妙地就會變成佛。事實上，每個人除非有善知識的啟發與引導，再透過自己的躬行實踐，成佛的目標才有可能如願以償。

先舉個例說明：

古時候，人用兩塊石頭相互磨擦、碰撞來點火（火，代表成佛所需的智慧）。「火」雖然是從石頭的磨擦、碰撞中產生的，但，那並不表示：火是藏在石頭中間；或火是自己從石頭縫裡面跑出來的。我們可以這麼說：用兩塊石頭來點火，這是一種技巧，並不只依靠恆心和毅

力就能達成。既然點火是技巧，那就需要經驗的傳承，也就是需要精通此道的善知識來教導、傳授才行。否則，就算日夜不停地敲擊，如果不得其法，儘管把石頭碎成粉末，依然見不到火苗。

學佛，就是以佛作爲「善知識」，用謙卑的心來學。因爲不如此，盲修瞎鍊的後果就是：白費工夫，一事無成！

佛教曾把眾生的輪迴生死比作「苦海」。生死苦海，驚濤駭浪，如何得以超越生死苦海呢？那必須藉助舟筏才行。而佛教的八萬四千種法門正是形類不一、大小不同的船隻。然而，只有舟船，沒有經驗豐富、膽識具足的領航者，又如何圓滿地達成任務，抵達解脫的彼岸呢？

這類膽大心細、技術精湛的領航者，佛教稱之爲：「善知識」。釋迦牟尼佛亦曾坦承：「我也是由於善知識的導引，才成就徹底的覺悟，而證得佛果的。」

證得佛果——就是擺脫一切苦惱的糾纏，使生活回歸恬適自然。而它轉變的關鍵，就在於善知識的諄諄教誨。

在佛門中代表「智慧第一」的文殊菩薩，曾經告訴善財童子說：「善男子，汝今發心，求菩薩道，爲欲求成就『一切智智』(一切智慧中的最高智慧，指的是佛的智慧)，應當勤求眞善知識。」

眞善知識——不是依靠標新立異、譁眾取寵、自吹自播而成名者。他們具有眞實智慧的樸實無華，以及眞

實力量的溫和蘊藉。這一類人是世間的「珍貴稀有動物」，就像先知先覺在整個社會中永遠是僅占少數一樣；由於這類少數的先知先覺，一向安分守己，默默地從事耕耘；更由於一般凡夫俗子的目光短淺，因此他們盡其一生，永遠無法發現任何的善知識──儘管善知識就站在他的身旁。

既然，只有「真善知識」才能帶給眾生幸福、快樂，所以尋訪的態度、動機和方法，是一門學問，急不得也馬虎不得。它最忌盲從輕信，跟著別人一窩蜂；否則吃虧、上當之後，後悔也就來不及了。

曾經有同學興高采烈地跑到老師家：「老師，告訴您天大的好消息。」

「什麼事？」老師忍不住好奇。

「有一位活佛、無上師，是從天而降的大善知識……」

「那必然是假的。」老師沒聽完，就打斷學生的話。

「為什麼？」學生一頭霧水。

「自己吹噓是某方神聖，必然是存心招搖撞騙，因為諸佛菩薩應化人間來說法，絕不會洩露他們的身分。」

又有位同學連夜從臺北南下，跑去看他的老師：「地球上的人類有救了，因為某某大師已經悟得神奇法門；更向諸佛菩薩求得獨家的靈異神咒，只有藉著這些，眾生才可以逢凶化吉，離苦得樂。」

「罷了！」老師不屑一聽，冷冷地說：「沾沾自喜，自以為發現了某種『專利的法門』、『獨特的妙方』，而一切

眾生非經由我的教導、醫治，就沒有機會得救的，絕不是慈悲的救世者。」

「爲什麼呢?」

「因爲慈悲的行者，一旦發現甚深無上的微妙法門，絕不肯祕而不宣。就像懸壺濟世的醫生，一旦發明了新藥，又怎會由於私心而不肯加以公開?」

目前在臺灣，也有很多的宗教及修行者，標榜他們與眾不同的神聖地位，以及獨家享有的法力。可是，想想看：一個偉大、慈悲、光明、正大的宗教，怎會把救世的寶典，當作是私家的祕藏，據爲己有，而作爲自己求名牟利的工具呢?

釋迦牟尼佛在《大般涅槃經》中，就針對這些問題加以闡釋:「諸佛如來——包括過去、現在和未來的覺悟者，他們從來不把任何的祕密法門隱藏在心中，而不肯向眾生解說宣示。佛的教法就像秋天的皎潔明月，高懸在萬里無雲的天上，人人皆可一覽無遺。」

了解佛的大公無私與光明正大，才能藉以拆穿人間假善知識的虛僞面具。在修行的路上，才不會因爲「一盲引眾盲」，而相繼掉入火坑。

然而，有許多人會忍不住要問:「善知識在那兒呢?那些人才是眞善知識呢?」

底下，我們拿醫院的三種人——醫生、護士和病人來作說明:

醫生——可以醫病施藥，減輕病人的痛苦。當然，

他們是眾生的善知識。

護士——可以照顧病人，幫助病人安心接受醫療。他們毫無疑問地，也是善知識。

病人——尤其是鄰床的病人，基於同病相憐，而相互關懷安慰。有時他們會彼此提醒對方：何時該服藥；何時該起床作復健。你說他們不也是善知識嗎？

這個比喻告訴我們：人的周遭處處都有善知識，不過醫生像諸佛菩薩，護士像護法金剛與大德居士，比較容易被尋獲發現；至於病人則像遍布在你我左右的平凡眾生，因為我們的缺乏慧眼，所以很難發現他們的蹤影；就算發現了，也由於他們的古拙質樸，才華內斂，我們也極易與之失之交臂。

只有以智慧與謙虛來觀照人生，才能認識真善知識。真善知識，使我們在學佛的路上少走了許多冤枉路；善知識，真能包容我們的錯誤和罪過，一本初衷地指導我們向正確的目標前進。

求善知識，就是尋找超越苦海的舟筏！

求善知識，就是尋找解除身心煩惱的藥方。

所以，要想滅除煩惱焰，獲得清涼心，那非覓得善知識不可。

不過，請千要記牢：

真善知識在人間應機設教，不是為了自立名號，而

大出風頭；

　　眞善知識在人間隨機說法，不是爲了矯俗干名，而
自鳴清高；

　　眞善知識在人間析疑解惑，不是爲了藉機詐財，而
只顧自私自利。

　　眞善知識在人間弘法利生，不是爲了標新立異，而
自吹自擂。

十五、善用方便

　　什麼叫「方便」呢？方便是「權巧」，是一種通權達
變的智慧。

　　方便是因人、因事、因地、因時的不同，所作出最
好的適應之道。

　　方便是由「般若」（智慧）作主導，是透過深思的決
定，要用負責的態度來承擔；它不是一時盲目的蠢動、
衝動，是有步驟、有計劃、有方向和有確定目標的。

　　過去的諸佛、菩薩，經常用方便來說法、度眾生，
也曾收到顯著而有效的成就；我們如果能夠好好地加以
揣摩學習，自然也能說法無礙。

　　首先，敍述一段釋迦牟尼佛「方便」度化他的堂弟
——「難陀」，出家學道的故事：

　　　難陀是印度出名的美男子。不但具有王子的身分，

而且娶了一位如花似玉的妻子。因此當釋迦牟尼悟道成佛，回到祖國說法，許多的王子們都紛紛出家學道時，難陀就因為捨不得他的富貴榮華，也拋不下他的嬌妻，雖然有意落髮為僧，卻又下不了決心。

根據佛典的記載，釋迦牟尼佛曾以神通帶著難陀上天入地，去見識和參訪一番。在天上，難陀看到天女們個個比自己的妻子漂亮，而她們正忙著服侍住在這兒的男人──親切地噓寒問暖，又用纖纖的玉指來替他們按摩。看得難陀既嚮往又羨慕。

難陀發現有幾個天女站在角落，一副無所事事的模樣，就好奇地問：「為什麼大家都在忙，而妳們卻如此優閒自得呢？」

天女們笑著回答：「因為我們的主人──難陀，現在還在人間當王子，再等幾十年後，他才會投生到天上，享受那無盡的天樂。」聽得難陀不禁心花怒放。

隨後，釋迦牟尼佛又帶難陀到地獄觀光。那兒的受刑人，個個慘叫哀號，尤其是油炸的酷刑最令人怵目驚心。只見成千上萬的巨鍋底下，燃燒著熊熊烈火，鍋裡的沸油如同浪潮般地翻滾著，許多焦頭爛耳，面目漆黑的屍骨，正若隱若現地在鍋中上下浮動著。

難陀發現有一只鍋子，底下只燃著一點兒小火，看樣子似乎並不急著把它加熱煮開。

難陀就好奇地問：「千萬的鍋子都是熱油滾滾地，爲什麼只有這鍋子不加薪火？」

獄卒們回答：「因爲我們等著油炸的人——難陀，現在還在人間當王子，過舒服的日子；死後他又要投生到天上享受一段漫長的時光，最後等一切福報享盡了，他才會墮落到地獄來受報。」嚇得難陀臉色泛青，當下就決定要出家修行了。

其實學得方便，除了有助於弘法利生之外，它對於人們日常生活的調劑與困難的解決，更大有裨益。底下是兩則日本一休和尚用「方便法門」來普渡眾生的故事，從古到今，一直都是膾炙人口：

有一次，一休和尚到某將軍處借宿。將軍的四歲小男孩最怕客廳屏風上的老虎。他聽說家裡來了一位高僧，就請求一休和尚幫他抓老虎。一休和尚一口就答應了。

一休和尚要求小男孩找來一條繩子，好用來綑綁老虎。這消息一傳開，頓時吸引了許多圍觀的人潮。

只見一休和尚兩眼炯炯有神地注視著屏風上的老虎，手上拿著繩子，擺出準備捕抓老虎的神情。

氣氛一時變緊張了，就在大家都凝神屏息之際，突然爆出了小男孩催促的聲音：「師父，趕快抓呀！」

一休和尚隨即應聲答道：「快呀，你快把老虎從屏風上趕出來呀！」

小男孩噘著嘴說：「師父，那老虎是畫在屏風上的，我怎麼趕呢？」

一休和尚哈哈大笑說：「既是畫在屏風上的！那就是假的老虎囉！假老虎，你又何必怕它呢？」

　　一休的急智——隨機應變的方便，終於除去了四歲小孩心中的老虎；否則單憑講解深奧的佛法，於事又有何濟？

又有一次，一休和尚帶著小徒弟來到一座吊橋邊。這吊橋年久失修，行走其間，險象環生。有個急著要過橋的少女，卻因為害怕而不敢上橋，只好站在橋邊傷心地哭泣。

一休和尚見狀，毫不猶豫地就捲起衣袖，抱著少女飛奔過橋。小徒弟一時看傻了眼，因為師父平日教導他：不可觸摸、接近女人。

過了一個月，小徒弟再也無法釋懷，所以就稟告一休和尚：「師父，我不再跟隨您了，因為您抱過女人，您已經破戒了。」

一休和尚聽了忍不住大笑：「哈，哈，師父抱女人只抱了三分鐘，一過橋我就放下了；而你好可憐喲，整整抱了三十天，到現在還沒放下來呢！」

一休的權巧方便，自在而灑脫地幫助少女過橋；如果不懂得方便的妙用，任憑你唸多少眞言咒語，請來多少護法金剛，那少女依然在橋的彼方，她的困難依舊得不到解決！

在佛門之中，有些頑固不通，不能領略方便三昧的人。他們只知死守一些戒律、規矩，因而帶給別人不便，也帶給自己困擾。

譬如說：「持午」的人（過午不食），只要一過中午十二點，他就一口飯也不吃，寧可自己一整天挨餓。有人說，這種人很有節操骨氣，而且守戒清淨，正是我們模仿的好榜樣。我想未必如此吧？因爲吃不吃那一頓飯，那只是形式上的修持，也只是他個人的飲食習慣，跟他整個生命價值的提昇又有何助益？難道少吃那一頓飯就會使他的智慧增進？就會使他的慈悲心加強？

更有一些人一旦發心吃素，那就非得把餐具、炊具，用洗潔精拼命地刷洗不可。他到別人家作客，如果不小心吃到一根葱，就會當場大吼大叫：「誰放的葱？我是吃純素的，我是不食五辛的。」（五辛是五種佛教徒所不吃的植物：大蒜、茖葱、慈葱、蘭葱、興渠。）這種人也未免太固執了，主人殷勤地招待，卻因爲一時的疏忽，反

遭來他的責怪，這不是太不近人情了嗎？其實，佛教徒的修行著重在心，並不在口，所以當不得已的時候——像：飛機失事，沒東西可吃，若能心存感激與憐憫，就算吃死人的肉又有何妨？至於沒有素食可吃的時候，也可以學六祖惠能吃肉邊菜。這些不都是方便嗎？沒有這些方便，人會挨餓不說，更有可能會餓死呢。

有一位素孚人望的名醫，曾經說了一個笑話：

有一位吃素的佛教徒發生了車禍，被送到醫院的急診室。他因為失血過多，所以急需輸血。當他的朋友捲起衣袖，慨然答應捐血時，已經危在旦夕的這位佛教徒突然掙扎起身問道：「你，你有沒有吃素？」大家一聽到他的質問，首先是一陣錯愕，不久就引來哄堂大笑。原來他怕這位朋友不吃素，那他輸給自己的血不就是「葷」的了嗎？

總之，不懂得方便的人，遇到問題經常都會坐立不安；而自己對問題所做的處理，也往往欠合情合理，甚至荒謬可笑。

前面說過：方便是智慧，是經過深思的通權達變。可是，千萬要記住唷：方便絕不是隨便，因為隨便是受「無明」（愚昧而沒有智慧）的驅使，是盲目的橫衝直撞。它是自私的，只考慮到自己的立場，斟酌自己的利害。是為了滿足自己的欲望，所作的強詞奪理，它是不會為別人的利益來設想。

所以，學佛的人務必要分辨「方便與隨便」，絲毫不

容混淆，行事才會有分寸；才不會誤入歧途，才不會與
學佛的目標背道而馳。

　　隨便，只會帶給自己苦惱和痛苦，只能欺騙自己，
　　不能説服別人；方便，才能使自己任運自由，不
　　但能自得其樂，也能使別人因而脱困解厄，獲得
　　平安快樂。

十六、心存感恩

　　近代最偉大的科學家愛因斯坦，在他的《人類存在
的目的》書中，曾用謙卑的心寫下他對全人類的感恩：
「每一天有許多次，我都體會到我的內在生活和外在生
活，建構在有關的人們身上，無論是去世的還是健在的。
……我從他人那兒得到的東西實在太多了。每想到此，
便心情沈重，為之不安。」
　　愛因斯坦所流露的一顆長懷感恩的心，讓平凡的我
們讀後，不禁肅然起敬，並為之動容。
　　我們掀開古今歷史：真正成大功，立大業，為人類
謀求幸福的人，都是功成不居，而且把一切的成就歸功
於別人的共襄盛舉。
　　佛教徒跟基督徒一樣，用餐之前，一定會雙手合十
來感恩一番——只不過佛教徒不稱之為「祈禱」，而稱它
叫「供養」。基督徒感謝上帝，佛教徒感謝些什麼呢？原

來感謝的對象包括：佛陀的遺教、佛法的薰陶、師長的啟發，以及一切眾生的奉獻。因爲佛教徒認爲所有勞心與勞力的參與者，都在他們的感恩之列。

這兒要特別提醒的是：佛教認爲人們之所以能夠安享一餐之美，並不完全是由於自己的本事。因爲人既是群居的動物，就不能單憑一己的力量來養活自己。誰都知道人的日常生活——就算是每日的三餐，也必須要依賴很多人的努力才能得到。所以佛教徒的感恩對象，涵蓋了一切的眾生，是十分合情合理的。

又佛教徒透過每日三餐的供養，來培養對眾生的心懷感激之情。一個人既知感恩，就會設法報答。所謂報答，就是學佛者所發的宏願：「眾生無邊誓願度。」

感恩，使人心懷慈悲，使人常懷回饋的心。因而自覺對社會、對人群負有一分責任，存有一分關愛。

釋迦牟尼在成佛的時候，曾衷心地感謝：父母的養育、師長的教導、國家的護持以及一切眾生的奉獻和努力。他並不敢狂妄地自命不凡，以爲唯我獨尊；也不敢無知地以爲成功純粹是由於他個人的奮鬥所致。因此，他把自己所發現的眞理——佛法，毫無保留地奉獻給一切眾生。

釋迦牟尼佛在菩提樹下成佛之後，就馬不停蹄地展開他的感恩與謝恩之旅：他回到祖國，爲父親淨飯王說法，讓他老人家得到法喜充滿，並以自己的孩子爲榮；又在淨飯王出殯時，親自爲父抬棺。佛也對姨母——扶

養他長大的摩訶波闍波提盡孝，不但到忉利天爲她說法；
還特別准許她出家（當時僧團不收女衆），成爲佛教史上
第一位比丘尼；並在姨母逝世時，親自爲她撿拾火化遺
體所需的木柴；佛更爲了報答師恩，而回到昔日老師的
住處，將自己所找到的生命眞諦，以及解脫束縛的方法，
毫無保留地告訴他們。佛在世上活了八十歲，他二十九
歲出家，三十五歲悟道，八十歲告別人世。佛講經說法
前後長達四十五年，一生孜孜不倦，爲傳播佛法而席不
暇暖——佛更以此做爲對宇宙有情衆生的回饋。

　　這些感恩回饋，眞正做到「鞠躬盡瘁，死而後已。」
所以即將進入涅槃時，他才能如釋重負地說：「今生能度
的衆生都已度盡；未度的都已爲他們奠下學佛的種子；
至於後代的衆生，則透過寶貴的佛法，早已把成佛的原
理和方法，毫無隱瞞保留地全數公開，有緣的衆生也必
將陸續得度。」

　　佛的常懷感恩，使他在成佛之後，爲當代及後代的
衆生，無怨無悔地服務。佛也因爲自己的盡責盡力，所
以心無牽掛地向人間道別，又安心地投向另一個世界，
繼續他永無休歇的說法度生的工作。

　　我們是生死凡夫，我們距離佛的境界太遠，趕不上
佛的偉大。然而，偉大的佛陀尚且知道：要透過實踐力
行，來報答衆生的生養之恩，何況是我們呢？所以我們
更要加倍地感恩回報。不過，平凡的我們，以一己微薄
的力量，又能回饋社會多少呢？每個人一想到：自己付

出的少，而往往從別人那兒獲取的多，內心能不爲之惶恐不安嗎？當虧欠別人的，我們沒有償還，有時不是連吃飯都不知其味？連睡覺都不得安寧？甚至連臨終都會覺得死不瞑目的嗎？

感恩，就要報恩。報答別人的恩惠，才能使心頭的千斤巨石落了地。感恩，就要服務別人，把服務當作是高貴的善行，是一種無上的功德。它並不會降低我們的地位，也不會使我們失去面子。如此，人才會坦然無憂，才會一絲不掛——獲得眞正的解脫快樂。

我出生在一九四四年，正是臺灣光復的前一年。那個時候物質缺乏，許多人生活無以爲繼。我就是因爲營養不良而瘦得只剩幾根骨頭。而母親爲了省吃儉用，一心要把好的留給丈夫和孩子吃，也同樣體弱多病。

外祖母告訴我：在我兩歲的時候，有一天，父親下班回來，母親發現他上半身的西裝不見了，而手上則多提了一個小竹籠——裡頭有三隻小母雞。

母親問清楚是怎麼個回事之後，氣得差點昏倒在地。原來父親經過市場時，看到有人載著一窩小雞出來兜售，父親頓時閃過一個念頭：「如果能養幾隻母雞，讓牠們天天生蛋，全家人不就可以補充營養了嗎？」

父親的主意打定，只是口袋裡並沒有足夠的錢。他不假思索，就毅然決然地脫下自己的西裝——那是結婚當新郎，外祖父母訂做給他穿的。經過一番討價還價，好不容易雞販才答應父親用西裝來換取三隻小母雞。

父親興高采烈地回到家，母親卻為此賭氣不吃飯。經過父親連哄帶騙的一番勸說，母親才消了氣。

一個月之後，母雞果然十分爭氣，天天為我們下蛋。一天三個蛋，剛好每人一個。父親看到家人的健康日益改善，內心也頗感欣喜與安慰。

半年後，母親又生下了妹妹。父親為了替母親在產後補一補，所以就背著她偷偷地把母雞給宰了。

當一鍋熱騰騰的雞肉、雞湯被端上桌時，母親先是一楞，不久馬上領會到這是怎麼一回事。突然，母親用手推翻了鍋子，掩著臉，哭著跑進房間裡。

父親為什麼要殺母雞呢？他的想法是：母親產後極需營養的補充，而殺一隻雞，雖少生一個蛋，但只要自己每天不吃蛋就行了。那母親又是怎麼個想法呢？母親認為：本來好好的，大家每天各吃一個蛋，為什麼要「殺雞取卵」──以後就少一隻生蛋雞，父親也就沒蛋可吃；而自己卻要自私地獨享一鍋雞肉，這怎叫自己心安呢？

母親出家以後，好幾次提過這段往事，也補充了一個為什麼要「推翻鍋子」的理由：「那些母雞天天為我們下蛋，我早就對她們存有一分感激，也帶有一點兒愧疚。你那時年紀小，記不得母雞們每次下了蛋，就會高興地『ㄍㄜ ㄍㄜ ㄍㄟ，ㄍㄜ ㄍㄜ ㄍㄟ』地叫著，似乎要通知人去撿拾她們生下的蛋，看來還滿通人性的。因此，我不忍吃她們的肉！」

中國人的感恩對象，原本就超越了人類本身。像對

牛一生的爲人服役，所以一直到今天，大部分的人仍然不肯輕易吃牛肉。又日本人對被砍伐的林木——人們用來建築房屋、橋梁、炊煮、取暖、製作家具……所以常常在林蔭深處建有「樹靈塔」，表示人們對大自然的一分感恩與憐惜之心。

感恩，不只使人與人之間相互扶持、疼惜，也使得人與天地萬物之間，多繫了一條關愛的絲帶。原來，人與萬物之間也可以發生感情，也可以相互幫助的啊！

感恩的人，永遠不會自大，永遠不會冷漠無情。
他對天地萬物所流露的關心，使人的内心常存謙
卑，永遠安享一分平靜安和。

十七、惜福自處

佛教講的「福報」，包括正報和依報兩種。正報——涵蓋人的智慧的高低、長相的美醜、壽命的長短等；依報——則涵蓋人所投生的星球世界，以及賴以生存的環境與條件。這中間包括人的貧賤與富貴、家庭的破碎與幸福、國家的安定與動亂等。無論是正報或依報，都是一個人在今生以及過去的無窮世代努力創造所累積而來的。

福報，像人在銀行的存款，既要節流，也要開源，才能永遠保有財富。

福報，像山川湖泊，如果不匯積細流，如何形成一望無際的汪洋與煙波浩瀚的大湖？

　　福報，像巨大水庫，如果不在雨季大量儲水，並在旱季節約放水，如何能夠供應千頃田地的灌溉？滿足工業及民生的用水？

　　惜福的人，才有美滿的人生，不但在物質生活上無虞匱乏，在精神上也得以稱心如意。

　　八○年代，我曾有多次機會旅遊世界各國，在一連串的走馬看花之中，卻只有「飲食」一事，留給我很深的印象。那就是：東方國家的人民，生性比較勤儉，所以在吃自助餐時，較能酌量而取，不會因為貪挾太多而浪費食物；然而西方國家的百姓，一向自以為得天獨厚，所以恣意浪費，經常把食物堆滿盤子，而且非堆得像座小山不肯罷手。可是偏偏食量又沒那麼大，吃不完就順手丟進垃圾桶中。叫人看了，對他們的暴殄天物，覺得好心疼。

　　九○年代──這中間相隔只有十年的光景，我卻發現這些奢侈的西方國家，紛紛發生經濟危機，社會失業率因而急劇上升。有時路過他們的市政廣場，我就發現蓬頭垢面的人群，排著隊依序領取政府所發放的食物和水果。我也曾經在許多高速公路的出口處，看見烈日驕陽下，站著流浪漢，胸前懸掛著「告示牌」，上面書寫著幾行小字：「我很餓，請給我工作，混口飯吃。」

　　這時，我心中難免會有很深的感觸：過去不知惜福，

終於今天嘗到報應。可不是？人要惜福，懂得量入為出，才能享受永遠的富足。

在臺灣，有些人閒來無事喜歡沏一壺茶，聆聽音樂，聊聊天。這種生活上的小享受，原本無可厚非，問題是：他們非喝高山的凍頂烏龍茶不可，而且每壺只沖泡三次，然後就掏空茶壺，再填充新的茶葉。

這些自以為福報豐厚的茶客，常忽略了一件事，那就是：他們的奢侈享受，是建立在浪費兩千一百萬同胞的寶貴山林資源上。怎麼說呢？原來茶農為了種出能夠滿足茶客特殊品味的好茶，就必須砍伐海拔兩千到兩千五百公尺的高山樹林——臺灣珍貴而稀有的檜木、樟木、殼科林木等等，都包括在內。茶農們不只是砍一棵，而且是整區、整座山地砍。稍有地理、氣候常識的人，很容易就會發覺：臺灣的地理位置，正處於北回歸線通過的地方——這兒號稱赤道的無風帶，本來應該氣候乾燥而雨量稀少，就是因為有這些高山林木的醞釀雲霧，每年才能降下豐沛的雨水。

為了種茶而砍樹，破壞大自然的生態，致使像雲豹在內的稀有動物，瀕臨絕種，以及珍貴林木的砍伐殆盡，這就是耗損福報，不知惜福的行為。

不只是砍樹種茶一端，事實上人類為了貪求一時的欲望滿足，經常做出更多不知惜福的事。像：過量抽取地下水來養殖魚蝦；砍伐山林來闢建旅社、高爾夫球場；濫撒農藥、肥料來增產農作物；漫無限制地使用冷氣、

冰箱、汽車……等等。

如今飽受摧殘的大自然，又是作出如何的反撲呢？舉目所見，可以說比比皆是。像：南極臭氧層的破洞；地層的持續下陷；溫室效應所導致的冰山解凍與海洋水位增高，正逐漸淹沒全世界各低窪的城市和國家；河川、土地的汙染；各種動植物的絕種；可耕土地的逐年漸少；各種無藥可解新病毒的出現；世界各地沙漠面積的逐漸擴大；全球氣候的明顯改變；乾旱與洪水的輪替發生等等。

生態學家們曾經悲觀地說：「人類對大自然的破壞，既是如此地廣泛而徹底，而大自然的報復更是出人意外地快速而無情。」

不知惜福，不只是今生今世的人們遭殃，而且將會禍延子孫；不只是危及個人的安全，而且即將導致整個族群的滅亡！

古今中外的佛門大德高僧，沒有一位是不知惜福的。他們的生活簡樸，雖簞食瓢飲，居住陋巷，依然不改其樂。

底下引證近代高僧——弘一大師和棲霞精舍住持——月基和尚的軼事來說明：惜福，正是成為偉大僧伽，令萬人景仰的關鍵所在。

民國時代的夏丏尊曾在＜藝術家生活＞一文中，介紹弘一大師鮮為人知的惜福生活：有一次，弘一大師乘坐輪船，買的是下等的臥鋪，所以身上多處被臭蟲叮咬，

留下處處紅斑。

上岸後，有人問大師：「船上臭蟲多，師父被咬得不得安眠吧？」

「哈，還好，臭蟲不多，只有兩三隻而已！」大師若無其事地回答。

隨遇而安，就是「惜福」的表現，使人在任何逆境中都能處之泰然。

又有人發心在家中為大師炊煮菜飯，好讓師父能安心在佛寺看書、寫字。到了用餐的時刻，這人正要把飯菜送到大師的住處，好讓師父就近享用，免得來回奔波。

大師知道了就連忙加以制止：「喔，不必麻煩，我自己走過去就行了，安步當車，一點兒也不累。」

又有一次，這幫忙大師炊煮的人，不小心在菜湯中放多了點鹽。因此，不好意思地一再向大師道歉。

大師卻安慰他說：「沒關係，鹹一點有鹹的滋味，不也是滿好的嗎？」

能處處替別人著想，體諒別人的勞累，正是「惜福」的精神。

接著，敘述一段——我在大專聯考前，寄宿在月基法師處所發生的一段往事，好讓大家了解高僧的澹泊自處，節儉自奉的生活。

一九六三年，我高中畢業。那是五月下旬吧，距離聯考還有一個月的時光。母親為了讓我安心準備功課，就送我到臺灣高雄的棲霞精舍——這兒是清靜道場，正

是閉門苦讀的好地方。

一連三天，每次精舍都炒出一道叫我胃口大開的「鹹醃大頭菜」，餐餐都吃得我不亦樂乎。

到了第七天，桌上仍然少不了大頭菜，可是此時的我，不再像當初一樣地歡喜享用，而是頻頻眉頭緊蹙，好幾次還受不了它的醃臭味而大吐特吐。

我無法再忍受大頭菜的肆虐，所以決心一探大頭菜的來源。我偷偷跑到廚房搜尋一番，卻未曾發現有大頭菜的蹤跡。可是整個屋子，卻又瀰漫著大頭菜的臭餿味。

「奇怪，奇怪！」我覺得大惑不解。

突然，我抬頭望見廚房的右角落，堆砌著三個大木桶——足足有三公尺高吧。受不了好奇心的驅使，我找來木梯，一口氣攀到桶頂。

「該不會滿桶子都是大頭菜吧？」我問自己。

「不會吧，那有這麼誇張！」想到這兒，我不禁啞然失笑。

「如果不是大頭菜，那麼裡頭又裝些什麼呢？」我又狐疑滿腹。

「掀開蓋子，不就真相大白？」我這樣催促自己。

沒想到不看則已，一看差點栽下來，果然整個木桶全都是一個個像人頭般大小的大頭菜。

月基法師的德望，名聞教內，過的卻是如此儉樸。這是以身作則的「惜福」，足以讓日益奢靡的佛門，引以為警惕。

惜福，使人安貧樂道，使人心滿意足。

惜福，使人樂以嚼菜根，用來刻苦自勵。

十八、正確學佛

「學佛不正確，如何學得自在?」這是膚淺易懂的道理，並無需多費口舌加以解說。

不正確的學佛態度和方法，極易造成偏差和錯誤，因為失以毫釐，差以千里。學佛人豈可不詳加講求與仔細辨明?

目前一般的學佛人，曲解學佛的目的，因而造成社會大眾誤解佛法，輕視佛教。這實在是一件令人十分遺憾的事。

譬如說：有些修淨土的人，就把國家大事全都拋諸腦後，一心想求生西方。你叫他投入環保，他說沒興趣；你勸他關心國家前途，他說沒時間。他完完全全變成一個只會念佛的「植物人」——不顧眾生的死活，不管人群的休戚，這種徹底「厭棄娑婆」，一味「欣羨西方」的移民生態，如何能與彌陀互通聲氣? 如何能蒙受彌陀的接引? 因為他們自私自利的狹隘心胸，與彌陀廣大無邊的誓願，根本就是南轅北轍。再說，有些修密持咒的人，為了貪功求快，幾乎飢不擇食——隨便找個上師灌頂，又胡亂惡補一些密教儀式，於是成天坐在那兒念咒、觀

想、結印；又幻想自己的額頭放光，身子浮騰，不但功力無限，而且神通廣大。他們之中的某些人，更是財迷心竅，一天到晚在參究發財的法門，看方位、相風水，並以此作爲炫人的奇功異能。試問：這樣的學佛態度，如何直探佛陀的本懷？如何弘法利生？

另外，還有爲數更多的學禪者，剛學打坐不久，就自以爲是禪門龍象與一代的禪師。其實他們的雙脚，連禪的門檻都還沒跨入呢，如何大言不慚吹噓自己已經登堂入室了？其實，修禪有修禪的氣度和訣竅，絕不能徒務形式，只學皮毛。禪者自有他散發的特有氣質，有他平淡平凡的平易近人處，絕不是泛泛之輩或譁眾取寵者，所能模擬冒充或望其項背的。

所以，不想學佛便罷；既然發心學佛，就要學得像，也要學得自然。如此，才能愈學愈自在，也愈學愈無礙。

底下，我們再繼續探討：一般學佛人常犯的弊端有那些？

《圓覺經》上說：「一切眾生，從過去的無窮世代以來，把許多假的、錯的認知，當做是眞的、對的眞理來看待。好像那迷路的人，把東西南北的方向都弄錯了。」

人到底有那些錯誤的認知呢？佛典中指出眾生有四種顛倒：㈠把苦的誤爲是樂的。㈡把生滅無常的，當做是恆常不變，誤以爲自己可以永遠擁有。㈢以爲萬事萬物都有不變的本體，都能自己做得了主宰。㈣把汙染的東西（煩惱），當做是清淨的來追求。

先說「以苦爲樂」的顛倒吧：有人把喝酒當做是滋潤心靈；抽菸視爲薰陶性情；賭博則是切磋技巧……這些欺騙自己，自以爲是的人，其實是在浪費靑春，虛擲生命，如何過得快樂？

　　再說「以生滅爲常」的顛倒吧：世間的一切，不論是山河大地，或是人的形貌與精神，沒有一樣不是時刻在變化、遷流與演進的。旣然是瞬間在生滅變異，自然就沒有固定不動的「東西」可以眞正把握。就像一朵茉莉花，從含苞、微綻、怒放、枯萎、凋落的一連串過程，中間沒有片刻的停留，人又能眞正占有什麼樣的「茉莉」呢？

　　人對於自己所愛的人或物，往往癡想、渴望能夠永遠不變、不壞，好讓自己能永遠地占有。可是，事實並不可能，人就會因爲失落而惆悵不已，而一旦美夢破碎，也免不了悲傷。

　　接著談到「人的執著萬物，以爲都有它不變的本體，而自己又能作了主」的顛倒：宇宙的萬事萬物，無論有形或無形，都是因緣的假合，沒有獨立存在的實體。像人的身體是由四大、五陰所暫時聚合幻現的，你能叫它不老不死嗎？而一座山是由土石的堆積而成的；再看一輛豪華的汽車，也只不過是由成千上百的零件所組成的，拆之即無。它的眞實本體又在那兒呢？

　　然而，由於迷惑、顛倒，使人不願接受無常無我的事實。於是滄海桑田、物換星移會引起人們的浩嘆；興

亡盛衰、是非成敗，轉頭成空，人們也免不了會迷惘不已。而最令人們感到極端痛苦與畏懼的，莫過於生命的死亡。死亡使人充滿了悲觀，使人經常陷入絕望的深淵。

所以，只有徹底覺悟到：「萬物沒有主宰」的真理，人才能揮別恐怖的陰影，重拾奮鬥的信心，更使自己得以起死回生，也讓生命更富有活力與生趣。

最後談到「把汙染的當做清淨」的顛倒：在佛法中，把所有帶有「煩惱」（染）種子的事物，都認為是不清淨的；認為這些受汙染的種子，來日因緣成熟，就會滋生煩惱的芽，開出煩惱的花，最後結成煩惱的果——終究會帶給人們不快樂。所以人要透過智慧的深入觀照，謹慎清除煩惱的種子，才能不讓煩惱的絲纏住自己的手腳，讓自己礙手礙腳而不得自由。

> 正確的學佛，才能遵循著正確的方向，朝著正確的目標前進。
> 正確的學佛，才不會浪費自己的時間、精力，才不至於一事無成或誤入歧途。
> 正確學佛，才不會以魔（錯誤的見解）為師，使自己淪為魔子魔孫；更不會因為修習魔法，而最後變成了大魔王。
> 正確學佛，才能找到事半功倍的捷徑，減少不必要的困阻；才能尋獲智慧與信念的甘泉，支持自己貫徹到底。

正確學佛的人，才能按圖（佛法）索驥，而有功
德圓滿的一天。

正確學佛的人，才能沈潛在佛法的大海中，優游
自在，樂也陶陶。

十九、珍惜緣分

緣，是萬物生長的條件；也是萬事成功的條件。沒
有緣，一切事物都無法順利成就。

看過美麗的玫瑰花吧？迎風搖曳，婀娜多姿，芳香
四溢，眞是人見人愛。然而，玫瑰花離不開陽光的照射、
水分的滋潤、營養的供輸、土壤的護持、人工的照顧……。
否則，玫瑰就算不中途夭折，也會開不出好看的花朵來。

聽過古今英雄所建立的偉大功業吧？震古爍今，留
芳百世。然而豐功偉業的建立，離開不了智慧的醞釀、
人才的贊襄、物力的配合……。否則，獨臂難以擎天，
他的事業不是一籌莫展，就是功敗垂成。

學佛的人懂得萬法離不開因緣。因此，特別珍惜好
的因緣；甚至連佛都說：「未成佛前，先結人緣。」沒有
先跟眾生締結良好的緣，菩提道上，荊棘四布，坎坷處
處，又有誰前來助你一臂之力？又有誰來護持你？

依照佛教的三世因果觀：每個人都是自己過去的骨
肉親人，都曾經跟自己同甘共苦，朝夕相處；因此今生
今世只是因緣的再續，不是應該繼續相互疼惜、包容與

扶持嗎?

有人說:「同船共渡, 要修五百年。」如果這話不差, 那麼我們周遭的親戚、朋友、鄰居、師長、同學, 又必須修持多少年? 締結多少善緣才能相識相知呢?

許多我教過的學生, 時常在他們結婚的喜宴上, 臨時點名要我上臺說幾句好話。不過, 這通常難不倒我, 因為我都用「惜緣」來引伸發揮:「如果同船共渡, 要修五百年, 那麼請問: 同床共枕, 又要修行多少年呢?」

惜緣, 使人感念昔日的善緣; 珍惜今生的良緣; 努力再締結來生的好緣。

惜緣, 使人學得更包含──不忍苛責別人、傷害別人; 也使人學得更隨喜──處處稱讚別人, 肯定別人, 也懂得時時分享別人的喜悅。

惜緣, 使朋友之間更忍讓; 使家庭生活更和諧。當然, 把惜緣擴大到整個社會、國家, 乃至全世界時, 人與人也就會更團結合作, 也更懂得兼容並蓄, 來化解仇恨、紛爭與誤會。

談到惜緣, 就不能不了解這「緣」本身的暫時性──它是瞬息萬變, 並非永遠固定不動的。

因緣的稍縱即逝, 足以改變、摧毀眼前的一切美好事物。包括: 友誼、事業、財富、家庭、國家⋯⋯。因此, 人要惜緣, 不要由於疏忽而漠視它, 更不要因為無知而摧毀它。否則, 一旦因緣消散, 過去自己所曾經一度擁有的, 立即隨風飄去; 就是眼前歷歷在目的, 也會

在瞬間消失得無影無蹤。

目前，家庭觀念的淡薄，舉世盡然。這兒，我們就特別拿「惜緣與家庭」的種種問題，來加以分析、說明：

一個人沈浸在家庭的美滿氣氛中，享受它的和樂融融——父慈母愛、兄友弟恭，不是應該極力珍惜這一段善緣嗎？因為這畢竟是得來不易啊！何況生命苦短，一眨眼，孩子們大了，就要飛出這快樂的窩；而雙親禁不起歲月的催迫，不知何時也已兩鬢飛霜，甚至撒手而逝，徒留「子欲養而親不待」的孝思。

反過來說，如果生長在一個破碎的、問題的家庭：父母反目，兄弟成仇。這時候就要這麼想：根據「四聖諦」——苦、集、滅、道的說法，這些惡緣都是過去自己「招集」而來的，所以要極力地加以容忍與適應。因為不如此，就會不斷締結惡緣，那麼情況就會繼續惡化下去。再說，家庭也只是暫時的組成，將來父母會離開，兄弟姊妹也會各分東西。那時，所有的惡緣自然也就煙消雲散。

惜緣，使美好的善緣，因為人的感激、珍愛，而得以滋長、發揚；惜緣，也使一時的惡緣，因為容忍與包含而得以化解、冰釋。人活在惜緣的生活中——不論是順逆與好壞，也都能體會到溫馨與幸福。

諸佛菩薩的化緣人間，固然是出自無盡的慈悲；但是稍微用點心思來觀察，就不難發現這更是出自惜緣的緣故。怎麼說呢？因為諸佛菩薩與千千萬萬沈淪苦海的

眾生，千百億劫來都曾經互為父母兄弟、師長朋友，所以諸佛菩薩才會懷念過去剪不斷的情緣，因而不忍眼睜睜看著眾生受苦，而坐視不救。無論是那一個世界的那一類眾生，他們飢寒交迫的呻吟，他們遭受煎熬的哀號，聲聲送入諸佛菩薩的耳中，痛徹在諸佛菩薩的心坎裡。於是，為了救眾生，諸佛菩薩奮不顧身，甚至上刀山，下油鍋，他們也甘之如飴。

　　惜緣，使諸佛菩薩與眾生，手連手，心連心。惜緣，使無助的眾生時時、處處蒙受諸佛菩薩的關懷與呵護。

　　所以，人懂得惜緣，就能感念諸佛菩薩的大恩大德。更能鼓勵眾生立志學佛，弘揚如來的聖教。

　　惜緣，也使眾生幡然覺醒：在生死洪流中，我們並不孤獨、寂寞，也並非無助地隨處漂流。因為，在身旁左右，到處都是佛法的慈舟。我們無論投生何處，輪迴何趣(道)，我們永遠都沐浴在佛法的慈光普照之下，永遠都蒙受諸佛菩薩的祝福與安撫。

　　惜緣的人，懂得報答佛恩，熱愛家庭，照顧眾生，也更珍惜自己的生命，勉勵自己要活得更有價值、更有意義。

二十、即時放下

　　放下，即是解脫。放下使人輕鬆，因爲它解除了不必要的負荷，擺脫了自我的束縛。

　　有些人活在世上，雖然天生庸碌，卻常常自以爲是天降大任的聖人，就把一大堆的任務全攬在身上。每天愁眉苦臉，馬不停蹄地東奔西跑，不但學孔孟的周遊列國，推銷仁義；還要效法墨翟的摩頂放踵，熱心救世。諷刺的是：他自己也不明白在忙些什麼，只是逢人就唉聲嘆氣：「沒辦法，勞碌命嘛！」

　　我們忍不住要問一句：「這些人，有需要這麼忙碌嗎？」事實上，他們並不需要這麼忙碌。最簡單的理由是：他們自己的生活過得並不快樂，他們對自己的工作難以勝任。不快樂的人，就不能把快樂帶給別人；而不能勝任工作的人，又如何能眞的對社會有所貢獻？

　　可千萬別誤會喲！服務人群，固然是功德一樁，只是對自己所扮的角色如果認識不淸，以爲自己有三頭六臂，非得比別人更費心盡力不可，因此把大大小小的雞毛蒜皮瑣事，也全都擔負在自己的肩頭。如此，如何能不超載？如何能不心煩？這種日子又能熬多久呢？

　　其實，人只要盡力而爲就可以了，只要做好分內的事就行了，何必不自量力，自尋煩惱呢？

　　佛教雖說：「煩惱無盡」，不過，這無盡的煩惱，有

一大半是人們作繭自縛的。古人說：「天下本無事，庸人自擾之。」一語道破眾生的迷執。怎麼說呢？請看下面的簡析：天地間的萬物，本來就是剎那都在千變萬化，所以人自從呱呱落地，也就註定要步上死亡的歸宿。偏偏有人不肯服膺這自然的法則，一定要夢想與天地共存。於是他們費盡心機，不辭千里跋涉去追尋長生不老藥；而世間的萬象，無一不是因緣的聚合，隨著不同的排列組合，就會展開不同的風貌。偏偏有人癡想：長留好花與美景在人間。於是朝思暮想．絞盡腦汁，卻依然一無所得；又人生的吉凶福禍，本來就是操之在己──行善得善果，作惡必遭殃。偏偏有人妄想求祐於鬼神，使自己能不勞而獲。可是妄想歸妄想，白日夢終無實現的一日。

　　所以，放下一切顛倒夢想，不貪圖非分之有，就能遠離失落的痛苦，使得生活充滿著寧靜與踏實。

　　古人說：「春有百花秋有月，夏有涼風冬有雪。若無閒事掛心頭，便是人間好時節。」天地本來就是一幅美畫，時時刻刻展現它的美姿。不過心情鬱悶的人，閒事在心的人，卻永遠欣賞不到，也領略不出。唯獨肯放下的人，才能吟哦玩賞。

　　放下，有時只是退後一小步，不要我們一味地橫衝直撞，盲目向前。為什麼要退後一步？因為前面可能是陷阱，退一步正足以保命防身；前面也有可能是懸崖峭壁，退一步得以避免粉身碎骨，才能體會出海闊天空的

曠達。

　　放下，有時只是暫時的等待。因為有些事情不必急於一時加以解決，何況還有更多的事情，在短時間也無法加以解決。看過＜亂世佳人＞電影的人，永遠忘不了女主角郝思嘉在陷入困境，不知如何是好的時候，說了一句名言：「明天，明天又是新的一天。」不是嗎？人再怎麼悽慘，再怎麼倒楣，明天太陽還是會從東方升起！

　　今天解決不了的，就留到明天吧；明天再解決不了，就算留到後天又有何妨？

　　佛教有一句有關修行的名言：「萬緣放下」，這又是什麼樣的奇招呢？

　　凡夫在滾滾紅塵中修行，並不容易。原因是：人內在的煩惱太多；外在的束縛太大。人在內憂外患交逼之下，往往身心俱疲，不易獲得成就。

　　如果有人問說：紅塵萬丈，萬事起頭難，到底要如何輕鬆地跨出修行的第一步？我想簡明的答案，只有一個：萬緣放下。

　　人所要放下的「萬緣」，包括一切困擾身心，使之不得解脫的觀念、思想和事物。然而萬緣放下，並不是叫我們不問世事，隱居山林，做個不食人間煙火的人。否則活在世上，對人情所不該荒廢的事，卻也一概不顧，這不是太不近情理嗎？對於「國家興亡、人群苦樂」，原本匹夫有責，卻一切都漠不關心，這不是個不忠不義之人嗎？

正當的宗教怎會主張這樣的生活態度呢？佛教當然不致於如此離經叛道；如果有，那也只是少數人的行爲偏差而已。

> 放下，就是：不執著，不貪戀，不迷信，無罣無礙，無住生心等等——這些都是袪除煩惱，邁向菩提的助緣。
>
> 放下，使人瞬間活得乾淨俐落，使人纖塵不染；沒有是非到耳，沒有塵務經心。試問：能放下的人，不就是天地間最輕鬆自在的人嗎？

二十一、眞理爲師

船隻行駛要靠燈塔；飛機航行要有羅盤；學佛的人當然也要依法才能修行。

修行的路上崎嶇不平，險阻重重。偶一不愼，不是跌得頭破血流，就是要摔得粉身碎骨，豈能不愼？

今日的時代，去佛已遠，許多不正確的邪說早已混進佛門。這些似是而非的道理，極易蒙騙學佛者的眼睛，混淆他們的知見，而跟隨邪師邪法而行，必然與學佛目標背道而馳。

「法」是什麼呢？它是客觀的事實，是原本存在天地間的自然法則。法，並非有人說它才存在，也不會隨著人的死亡而消失。譬如說：兩千五百多年前，釋迦牟

尼佛還沒誕生人間，但是「眞理」（法）早已存在天地間；而釋迦牟尼佛辭世之後，宇宙間的那些自然法則，仍然絲毫無損。因爲佛只是眞理的發現者，他並不是眞理的發明者或創造者。

佛敎主張「依法不依人」──要以法（眞理）做老師，不要被人牽著鼻子走。那是因爲：「法」，是不會因人而改變的，自古以來，就一直如實地展現它本來的面目。至於「人」呢？人是善變的動物，人的生命原本就是因緣的幻現，因此人隨著因緣時時在聚散變異：人的細胞不停地在新陳代謝，那就等於人隨時在脫胎換骨；人的觀念不時地在轉換改變──昨天認爲對的，今天不以爲然；過去以爲快樂的，如今卻感受到無比的痛苦……。這一切都足以說明，從人的身上，找不出可以自作主宰的所謂「我」這種東西來，你說，「人」，既是如此善變，又如何能做爲我們一生的依靠呢？

釋迦牟尼佛明白了這層道理，所以他鼓勵弟子對「法」要多懷疑，多發問──而懷疑的對象，竟然也包括他自己所說的法。禪宗的祖師甚至認爲：「大疑才有大悟；小疑才有小悟；不疑就永遠不會覺悟了。」這種求知的態度，眞的是一絲不苟的啊！

佛敎這種准許懷疑，准許發問的精神，才能使學佛者透過師長的指導和自身的探討，隨時隨地去解決自己的疑惑，滿足自己的求知慾和好奇心。這一點十分重要，因爲絕大多數的宗敎，都把敎主的經典，當作是無上的

權威和獨一無二的真理，它不能被懷疑，否則就是對教主的冒犯和褻瀆。而佛教認為懷疑「法」，只是探討真理的手段與方法，並不代表對師長的不恭敬。

對於盲目的迷信和權威，佛教毫不猶疑地拔出智慧的寶劍，將之斬除淨盡。佛教鼓勵學佛者對真理要窮本溯源，要打破沙鍋問到底，絕不能含渾籠統，自己欺騙自己去接受自己並不明白的「法」。

撥開滿天的迷霧，真理的晴空就會一覽無遺。如此，人的心中才不會有陰霾，才不會有煩惱。

人一旦懂得依法修行，就不會盲目地「依人修行」。人，是善於偽裝的動物，為了名聞利養，人，不惜裝神弄鬼，用來迷惑天下的眾生。

曾有學生神色驚慌地跑來：「老師，那位上師好厲害，頭上會放光。」

「這有什麼厲害？螢火蟲的屁股，不也會放光——只是放光的部位不同罷了！」我冷冷地回答。

也有朋友跑來吹噓他的「師父」神通有多了得：「我媽出車禍的第二天，師父就打電話來——要我媽注意交通安全；而我被倒債的那一天，師父也立刻趕到我家，勸我不要隨便把錢借給人家。」

看我悶聲不響，臉上沒有半點表情，朋友反而著急了：「老師，你看我師父是不是有神通？」

「我看他是『半點不通』。」我冷冷地說。

「為什麼？」朋友露出一臉不愉快。

「道理十分簡單：如果他真有神通，就該在出事之前通知你們；等事情發生了才放馬後炮，那又有什麼意義呢?」我說。

我也時常聽到一些傳言：「某人有某佛附身，講的話靈異無比，能未卜先知，能驅邪除妖，也能醫治怪病。」

「這又能代表什麼呢?」我不屑一顧。

「既然是佛的附身，就等於是『如佛親臨』，難道佛弟子不該洗耳恭聽? 不該言出必從?」

「當然不必!」我說得斬釘截鐵。

「為什麼呢?」

「因為《大般涅槃經》曾經提到：所有的邪魔外道都能模仿佛的莊嚴法相，學佛的悅耳聲音，來講似是而非的佛法。」

懂了吧?《紅樓夢》書上有這麼一句話：「假做真時，真亦假。」同理，那外道假扮佛的相，就算扮得再神似，依然還是外道；所說的法當然也是外道的法，跟佛法本身就是風馬牛不相及的嘛!

舉個淺例來說明：

張三是個演員，他有時演強盜、土匪；有時扮國王、俠客；他偶而演富翁、紳士；偶而扮乞丐，流氓。但是，有一件事是不容爭辯的：張三依然是張三。因此，外道的企圖魚目混珠，依然不能得逞：外道終究是外道——就是有佛附身的，也不能例外。

人，一旦有了智慧，就可以拆穿仿冒的佛、菩薩和善知識；也能以眞理爲師，使修行之路不再徬徨迷失，可以昂首闊步，可以步履輕快地精進向前。

昂首闊步，不就是信心十足？步履輕快，不就是無牽無掛？這樣的生活，不是十分愜意的嗎？

二十二、發心修行

眾生的煩惱多，所以經常有所牽掛，自然就會抑鬱不樂。如何使煩悶的心，解除抑鬱和牽掛，來獲得自在快樂呢？我想「修行」是一條捷徑，也是唯一必經的道路。

看過鋼鐵吧？精密結實而無雜質，可以製作許多器皿。看過鐵砂吧？混雜散漫，幾乎一無用處。學佛者的修行，就好比把鐵砂錘鍊成鋼鐵。

想過嗎？一斤的破鐵賣不到幾個錢；可是一旦百鍊成鋼，就可以提高它的使用價值——譬如成爲製造飛機、汽車的材料，自然可以提高到千百倍的價錢了。而修行也是如此，修行使一個人的人格日見完美，使智慧日益純熟；生命也因此更充實，人生也更富有意義。

沒有學佛的人，就像摻有雜質的鐵砂，所以它會氧化生鏽，而學佛到家的人，則像去除了雜質的純鋼，所以不會再腐蝕。這兒所說的「生鏽、腐蝕」——是用來

比喻眾生的「煩惱」，它會擾亂內心的安寧靜謐，因而造成不安心、不快樂。所以《四十二章經》才說：「如人鍛鐵，去滓成器，器即精好。學道之人，去心垢染，即清淨矣。」

有修行的人，才能以平常心過日子，將快樂幸福把握在自己的手中。你看那世俗之人，沒有修持佛法，所以一顆心兒搖擺不定：人家偶而誇獎一句，不禁心花怒放，別人無心地貶損一句，心情就會惡劣到極點。我們稱這種人是：「活在別人的嘴上」——任憑別人的戲弄、擺布而不自知，豈不成了可憐蟲？

我年輕時，有一次坐計程車到學校上課，無意間和司機談到佛法。沒想到這位司機深藏不露，竟然看過不少的佛書，也能講出一套頗為不俗的哲理。

「你也信佛嗎？」司機問我。

「我們是同道，但我所學不多。」我笑著回答。

「喔，那你應該多看佛書——最好先從林世敏老師的《佛教的精神與特色》看起。」司機好心地告訴我。

哇！乍聽到司機提到我的名字和著作，一顆心兒早就飄到九霄雲外，全身三萬六千個毛孔像吃了人參果——覺得無一處不舒暢、不快活的。

那一天上課，我精神愉快，教起書來特別起勁，對學生也特別和藹、親切。許多老師和學生還以為我吃錯了藥，也不知那根筋不對勁了呢。

下午放學以後，我照樣搭計程車回家。我瞧見車上

有小佛像和念珠，被掛在前座的後視鏡上。這使我想起早上的那一位「有深度、夠水準、有眼力」的司機來。我心裡就這麼想：「八成這司機也是信佛的，說不定他也認識我，看過我的書。為什麼不製造一個機會——讓他也能『愛語』、『隨喜』，來培植善根、增進功德呢？」

主意打定，我就問司機：「你認識林世敏這個人嗎？」

司機不假思索就一口回答：「不認識！」

「你看過《佛教的精神與特色》這本書嗎？」我又問。

「我從不看書！」他仍然搖頭。

聽了司機的回答，不知怎搞的，一顆心就直往下沈。不只是這樣，竟然一連三天飯沒吃好，覺也沒能睡好。

沒有修行的人，他的心好脆弱，容易受傷害。

但是，修行也絕不是嘴巴說說，瞬間就能立竿見影；它必須按部就班，循序漸進，而更重要的是必須腳踏實地，躬行實踐才行。

宋朝蘇東坡，有一次寫了一首五言絕句，來敘述自己修行的境界和成就。他的口氣充滿著自信、得意，卻也難免誇大其詞。這詩的最後兩句是：「八風吹不動，端坐紫金蓮。」

詩的大意是：我像諸佛如來一樣，修行已到家，包括世間順逆兩境的八種際遇——讚美、譏笑；毀謗、稱譽；順利、衰敗；痛苦、快樂等，我都能淡然視之，半點兒也不會動心了。

蘇氏之言，當然是「紙上談兵」——只是口頭上的

自我吹噓、膨脹而已。所以他的好朋友佛印禪師看了，拿起筆來就直批：「狗屁」兩個大字在上面。

消息傳到東坡的耳裡，不免心中不平，嘴上嘮叨：「真是欺人太甚了，你不讚賞我爐火純青的修行也罷；最少也該誇獎我的絕句作得好。哼，我非找你禪師討回公道不可！」

於是東坡搭船過江，迫不及待地衝到鎮江的金山寺，指名要找佛印禪師理論。

小沙彌看到東坡，開口就說：「東坡居士，我師父交代過了，他今天閉關打坐，不見客！」

「哼！罵人理屈，看你往那裡躲！」東坡餘怒未消，不肯放過。

繞過了迴廊，來到佛印的禪房。東坡只見房門深鎖，門上卻貼了一張白紙，寫幾個小黑字：「八風吹不動，一屁打過江。」意思是說：嘿，嘿，八風吹你不動，不過老僧一個小小的臭屁，就把你打得七葷八素──自己過江，送上門來了。

這個傳說中的故事，我們不必追究它的真偽，只需記得故事所帶給我們的啟發就行了：修行是憑靠真才實學，絕不是耍耍嘴皮就行了！

有修行的人，才能諸風吹不動，當順、逆兩境都不能撼動其心時，人才能優游自在。

佛教的禪者說：「如人飲水，冷暖自知。」不修行就不能了解諸佛菩薩所經歷的世界，也不能印證佛法的理

論，使之成爲自己和眾生受用的法門。古人所謂：「寒冬飲冰水，點滴在心頭。」學佛者累積點點滴滴的修行心得，才能昇華自己的心靈，慢慢地與諸佛互通聲氣。

飢餓的人，不能單憑背誦一大堆食譜——燕窩燉香菇、川七炒麻油……不吃就妄想肚脹腸滿，不會挨餓。同樣的道理，修行的人，不能單憑擺幾個打坐的招式、結幾個唬人的手印、背誦幾首偈語、咒語或唱念成百上千的佛號……就一心想要往生西方，與三聖長相左右。爲什麼呢？因爲這些不能涵蓋修行的眞意。

什麼是修行？又什麼才叫眞正的修行？許多學佛人難免急著要一探究竟。以下就是簡單地說明：

生物學家用「育種」的方法，來改良果樹，取其優點，去其缺點，慢慢地種出豐碩、甜美、可口的果子來。人的修行，也是一樣，一代代、一世世地祛除「貪、嗔、癡」的煩惱種子，修養「戒、定、慧」的功力，最後才能由凡夫登上成佛的聖境。

一個人深信佛的教法，自己深入佛法，如法而行，如法而修，最後證明「佛的所言不虛」——人人皆能成佛，這是修行。

有些人每天爲自己訂下「定課」——每天唸多少咒、背多少經、拜多少佛、點多少香、參多少禪……。不過，嚴格說起來，這些都只是「修行的項目」、「修行的方法」和「修行的功課」，還算不得是「修行的本身」。眞正的修行是要透過這些修行的項目、方法和功課，去體會、

領悟佛的慈悲、智慧、境界；進一步學以致用來解除自己身心的纏縛，並且學習如何演說深奧偉大的教法，來幫助更多的有緣人同登彼岸。

佛教導眾生解決自身煩惱的方法，總共有八萬四千種(法門)。修行就是要我們多多學習這些法門，來驅逐煩惱的逼迫。誰能夠學得愈多，誰就愈能自度度人，自救救人——誰就愈有修行。

可惜一般的學佛者，誤會了「一門深入」的眞正涵義——以爲只要記得一種法門就行了，竟拋棄其他的八萬三千九百九十九種於不顧。於是法門與法門、宗派與宗派之間，就變成扞格不入，不能含攝相通了。

看一看佛典的記載和諸佛菩薩的修行經過，就可以破除「只學一個法門」的抱殘守缺心態。佛門的「四宏誓願」說：「法門無量誓願學」——就是要我們多多學習自救救人的法門；觀世音菩薩在累劫的修行中是：「廣修智方便」、「侍多千億佛」——就是要多學法門的有力見證；而普賢菩薩的十大願王也包括：「常隨佛學」，爲什麼要多跟不同的佛來學？因爲他們的修行方法不同，正可以充實、磨鍊我們的智能，將來要弘法利生時正好可以派上用場。至於佛教的模範青年善財童子，他爲了追求人生宇宙的眞理，更不辭勞苦向五十三位老師參訪、討教與學習。

修行，使人去垢得淨！

修行，使人離苦得樂！

修行，使人身心清爽！

二十三、注重今生

雖然「今日事，今日畢」這句話，人人耳熟能詳，但是仍然有很多人，不願意把握現在，寧願把許多原本可以當下快刀斬亂麻的煩惱瑣事，拖到以後——可能是明天、明年，甚至是來生、來世。

這些人表面上是避開今天的煩惱了，其實是把煩惱帶到明天、明年，甚至拖到來生、來世去。

有一本書叫《前世今生》，是由美國的一位叫布萊恩‧魏斯寫的，在臺灣也曾經造成一股搶閱的旋風。可惜一般人重視它的神奇、靈異——就是有關輪迴轉世、投胎的部分，卻忽略讀這本書，給人最大的啟發應該是：今生的煩惱，今生解決。千萬不要把煩惱任意帶到來世，否則今生的不快樂就會影響到下一世的生活，讓來世也會悶悶不樂。

有些人可能會覺得疑惑：為什麼今生的所作所為會影響到下一世呢？回答這個問題並不難，我們不妨先把「今生到來世」的時間縮短成「今天到明日」：今天快快樂樂的人，明早醒來仍然會持續著前一天的歡樂氣氛。使人在大清早就有一個好的開始——懷抱愉悅的心情，踏出美好的第一步。

人們應該都有過這樣的經驗：前一天用鮮花布置小客廳，不只是當天芬芳滿室，一直到第二天，甚至一個星期後，仍然可以感受到甜美的溫馨。

　　每個眾生心中，都有一處用來儲藏種子的倉庫──佛教稱它叫「阿賴耶識」。它可以收集、存藏人在一生之中，所累積的善惡行為種子。這些種子遇到外在的助緣(條件)，就像百花的種子，一旦遇到「日光、水分、土壤、肥料」等等條件的聚足，它們就會紛紛地萌芽、茁壯，終至綻開形形色色的不同花朵來。花謝之後，這些花兒又會留下它們的種子，然後又等待著另一次因緣的聚足，再綻放另一次新的花朵來。如此持續不斷地反覆循環，一直到無盡的未來。

　　值得我們注意的是：這百花一次又一次地反覆循環，就像人一世又一世的輪迴受報。在每一次，每一朵花的綻放，它的花色、品類都受到前一次種子的影響；同樣的道理，眾生每一世的生命形成，也是承繼前一世數不盡的種子而來──包括人的長相、智商、身高、福報等等。所以，人要珍惜每一天，把握每一刻，好好地思考、說話和行事，因為透過這些「身、口、意」的活動(行為)，就會留下許多的種子。而這些種子有些是快樂的，有些是憂愁的；有些是善的，有些是惡的；有些是乾淨的，有些是汙穢的──這些就會影響、改變你第二天，乃至無窮盡未來的日子，使你嘗受到快樂或憂愁，幸福或悲慘。

所以我們才說：學佛就是「自淨其心」──逐漸剔除不好的種子，保留好的種子。就像生物學家的「育種」，逐漸地改良，使一代比一代好，終至令人滿意為止。

　　很不幸的，許多人在學佛之前，原本快快樂樂的。一旦學起佛來，卻誤解了佛教的教理，以為佛教既主張：「世間無常，人生痛苦」，就是要人放棄一切希望，趕快「移民」到極樂世界去。於是這些人一天到晚──甚至一生一世不管世事，足不出戶，天天窩在佛堂裡：唸佛、打坐、持咒。這跟杞人憂天的愚昧又有什麼兩樣呢？

　　佛教常以「蓮花」來比喻「慈祥、偉大、睿智的佛」；以「低下潮濕的土地」比作「受苦受難的眾生」。然後以十足肯定的語氣指出：「清澈的水中不會冒出蓮花；蓮花必須生長在汙泥中。那就好像天上的清淨世界，不會有佛在那兒開悟證果，所有的佛一定要誕生在苦難的人間，在人間普度苦難的眾生才能成就偉大的道業。」

　　佛教是注重今生的宗教，佛教要我們對自己「生於斯、長於斯」的這塊土地，投以更多的關懷；對跟我們福禍相倚、休戚與共的人，投以更多的關心。

　　佛教的淨土思想，雖由來已久，也有它存在的理由，但是它的根本用意還是在建設人間淨土；也就是要集合有心人士，一齊努力把眼前的這塊土地，變成莊嚴無憂的西方世界。

　　學佛的人不該輕言犧牲今生的幸福快樂，把一切的希望完全寄託在遙不可知的來世。佛教是講因果的，只

有今生過快樂日子的人，才能獲得來世的快樂。再簡明一點來說，那就是：今生過得快樂的人，明天才會快樂；今天愁容滿面的人，明天又如何能笑容可掬呢？

學佛的人絕不能不明白：「今天，是每個人一生中最年輕的一天。」因為過了今天，明天就又老了一天了。所以把握今天——也就是把握當下，就變得十分要緊的了。

很少人想到：懂得把握「今天」，他就等於把握了一生中的每一天。為什麼呢？這道理雖然曲折些，但也並不難理解：因為日子一天天地過，過了今天，每一個「明天」也都會變成「今天」的緣故。

想一想：今天快樂，明天快樂，天天快樂，這不就說明了「如是因，如是果」？不就是出於因果之必然嗎？所以注重今生今世——把握生命中的每一天，讓每一天都過得輕快、喜悅、充實，就是學佛人最重要的學習課題。

我在高雄住了將近半世紀，前後搬了七次家才搬到澄清湖畔。我的房子是朝東的，每天清晨，眾鳥啁啾，活像貝多芬的〈快樂頌〉，輕脆悅耳，自然會喚醒美夢中的我。這時我發現燦爛的晨曦，穿過庭院扶疏的花木，投射在房間的牆壁上，像極了濃淡有致的潑墨畫，每當微風吹拂而過，那牆上的畫兒竟也隨之上下左右搖曳，使得原本高雅美麗的畫面，更加生動有趣。

每當陽光吻開了我的眼，面對這美好的清晨，我總是喜悅地說：「這又是充滿希望的一天！」

在客廳，我擺了一面落地的大鏡子。每次出門，我總要站在明鏡前稍作停留——我並非化粧打扮，而是勉勵鏡中的自己說：「今天要好好地努力，工作要專心，上課要認真。」夜晚歸來，當我躺在床上準備就寢，我就會仔細地回想今天的所作所為，如果一切都能如願——上課認真，工作努力。內心就會頗感安慰，不禁露出欣慰、滿意的笑容，然後帶著笑容進入甜美的夢鄉。

微笑入夢的人，夜晚不會做惡夢，因為他的夢中必然充滿著鳥語花香，溫馨無比。等到第二天醒來——如果自己也能夠來得及捕捉的話，他那嘴角上必然還殘留著昨晚的笑意。

把握今天，才能把握今生。今天快樂，才能使生命的幸福火種，延燒到明天……直到永遠。

世人經常抱怨上天對他不公，朋友對他不義。不但社會虧待了他，連師長也得罪了他。他每天這樣怨天尤人，如何快活得起來？如何逍遙自在地過一生？

依照佛教的主張：人的命運是掌握在自己的手中，人的一切吉凶福禍都是決定在自己的所作所為。所以不必自怨自艾，也不能憤世嫉俗，更不能自暴自棄。「有耕耘，才有收穫。」在今生的土地上下種，才能在今生的日子裡收穫。

人要對目前的遭遇和處境負責，因為這些都是「事出有因」，都是自己在過去所做的——甚至是來自過去的無窮世代也說不定。如果你目前失敗了，在灰心喪志之

前，別忘了提醒自己：那是因為我的努力還不夠。千萬
別以為這是消極頹廢，這絕不是豎白旗投降，而是激勵
自己再接再厲，為了明天，今天就必須努力。

> 學佛的人要先站穩腳跟，選定目標。為了璀璨的
> 明日，現在就先要咬緊牙根，埋頭苦幹。成功絕
> 不是偶然，唯有在人間殷勤播種的人，來日才能
> 在彼方淨土世界含笑採收。

二十四、切莫占有

人，對於自己所喜愛的東西，往往生起貪念。人一
有貪念，就有占有欲，一心一意想占為己有。對黃金美
鈔、房舍田園是如此；對愛情、親情也是如此；對身體、
名譽、地位更是如此。可是在暫幻的紅塵中，根本沒有
一樣東西能被人真正的擁有。人既然不能擁有，就會湧
現患得患失之心，可不是？人在占有之前，固然費盡心
思去爭取；一旦占有，必定千方百計，不惜代價來守護；
至於失落之時，魂牽夢縈，更難忍受失落的惆悵。

占有，使人煩惱不盡，使人不快樂，也使人不得自
在！

有人問：「世間萬物真的沒有一樣能被占有嗎？」這
根本就是無庸置疑的。為什麼呢？因為天地間的一切都
是因緣的聚合，短暫而虛幻，如何能被占有？君不見：

荒煙蔓草間，曾經埋葬多少的將相王侯？《紅樓夢》裡，空空道人就唱過這樣的歌：「世人都曉神仙好，惟有功名忘不了；古今將相今何在？荒塚一堆草沒了。」

再看那連綿不斷的崇山峻嶺，曾經是多少魚類悠游其間的海底世界？只因為滄海桑田的地殼變動，使它改換了面貌。你可又曾想過？在中國歷史上出現的帝王，有名有姓的，一共有一百三十九位，而他們的平均年齡卻只有三十九歲，其中只有四位活到八十歲。想想看：這些自以為是「天之驕子」的帝王，有生之日，又曾作多久的帝王夢呢？而在他們活著的時候，曾經飽嘗無數的權力鬥爭與傾軋；歷經無情病魔的摧殘，剩下來還有多少快樂的日子呢？你說人又真能擁有什麼呢？

二十年前，我在高雄市民權一路買了一棟四層樓房。當時我在頂樓加蓋一間佛堂，並且把它布置得莊嚴、清淨，活像一處人間淨土。我曾得意洋洋地告訴母親：「這兒是您養老的地方，您可以在這兒念佛、念經、打坐修行。」沒想到世事無常，我因為受到朋友倒債的連累，自己的財務發生危機，不得不出售房子。

母親在搬出大樓時，語重心長地告訴我：「人連自己的身體都不是自己的，何況是外在的樓房呢？」這也是母親日後出家修行的重要原因。

母親的話，曾經引起我的一陣震撼：房子不是自己的，這點我可以理解——它是身外物嘛！可是我的身體不是自己的，我卻絲毫也不能接受——既是我的身體，

為什麼不是我的呢？

今天，我已經完全明白「我的身體不是我的」的說法。因為如果說「身體是自己的」，那麼你對身體應該擁有完全的自主權和支配權，也就是你對你自己要能完全自作「主宰」。可是事實又截然不同：人不能叫自己不喜、不怒、不哀、不樂；人也不能叫自己不煩、不憂、不妒、不懼——可見人對自己的「心」根本一籌莫展，而「心」是人「身」的總樞紐，如果人連自己的心都不能控制，那麼又如何去主宰自己的身體呢？

事實確是如此，除了心之外，人對自己的「身」也是無法掌控的。試問：人能叫自己不生、不老、不病、不死嗎？人又能叫自己不腐、不臭、不爛、不壞嗎？既然不能，又如何能占有呢？

許多青年男女在愛河裡浮沈，自以為能夠永浴愛河。就因為他們曾經共同發誓：「不求同年同月同日生，但求同年同月同日死。」這些被愛沖昏了頭的癡情男女，一定也沒聽過《紅樓夢》中〈好了歌〉的另一段歌詞：「世人都曉神仙好，只有嬌妻忘不了；君生日日說恩情，君死又隨人去了。」

愛情像花園中的玫瑰，雖然眼前開得嬌豔、浪漫，但是花無百日紅，終究禁不起風雨的吹打，也熬不過歲月的摧殘，更難逃離凋零而謝落一地的命運。

人如果不明白這番無常的道理，卻執意要占有愛情，妄想永遠「在天願作比翼鳥，在地願結連理枝。」試想：

又有幾人能不肝腸寸斷？

　　早年，我喜歡收集佛教的法器和高僧、居士的字畫，並將它們一一展示在客廳裡，高掛在牆壁上。滿屋子因而散發典雅的氣息，自以爲可以襯托主人的高貴。而每當高朋滿座，賓主歡聚一堂，這時來自客人的讚嘆、羨慕之聲，常聽得我得意非凡，也笑得我合不攏嘴。

　　不過，爲了這些骨董珍玩的安全，我也操了不少的心：怕它們被偷、被盜；也擔心它們受潮、受蝕……。尤其是有事外出之時，更是人在外頭，心繫屋內的文物。長期下來，精神上頗爲疲累。因此，引發了我的一番反省：我爲什麼要做這些珍玩文物的奴隸？我難道不能掙脫它們的束縛嗎？

　　現在的我，真正地覺悟到「役於物」的不自在、不自由。我是透過以下的觀照思考，才獲得解脫、自由的：佛、菩薩的像如果被偷了，那只是表示他們暫時跟我無緣，他們無論輾轉到誰的家中，一樣都會受到供奉禮拜的，我又何必妄起分別心，徒生煩惱呢？至於高僧大德的書法，我也照樣作如是觀：萬一真的被偷了，改掛在別人的書房，也未嘗不好。那蒼勁挺拔、發人深省的文句，依然如同暮鼓晨鐘，具有振聾發聵的作用。我又何必爲了一己之私，非得一生一世占有它們？使得它們「足不出戶」，永遠見不到天日，這不是太自私了嗎？

　　近年來，每當師父或大德慈悲賞我墨寶時，我都會這樣說：「謝謝您，我一定會好好地加以保存、供養，讓

更多的有緣人一起來瞻仰、欣賞和隨喜。不過，改天如果您改變了主意，想要把它索回，那也不用客氣，告知一聲，必將無條件奉還。」

從此，我不必再像昔日一樣：在屋子外面重重加鎖；無論身在何處，一直惦記在心，無法悠閒自在地吃飯、旅遊、工作、睡覺。

不占有，像解開了枷鎖桎梏，使人得到真自由，真解放。不占有，像從懸崖上後退幾步，雖然只是小小的數步，但完全改變了眼前的風光和心靈的世界──頓時海闊天空，鳶飛魚躍，充滿了盎然的生趣與解脫的釋然。

最後談談現代的父母不快樂的原因，其癥結就在：對子女的占有欲，一如他們的父母對他們的占有一樣，而且在某些方面還有過之而無不及呢。父母們對子女的養育呵護，當然是無微不至的。問題就出在：父母一向認為子女是「從己之所出」，所以子女就是自己的一部分，必須聽命自己的指揮、安排，稍有不順從，就是忤逆，就是不孝。

父母的占有欲往往會帶給子女莫名的壓力，使他們不能自由地成長，嚴重一些的，還會激起子女的反叛與抗爭。偏偏我們的社會，並不是凡事都站在公平公正的立場，來判斷是非、對錯。傳統的倫理觀念，經常不問明原委，也不問清對象，就不分青紅皂白，一口咬定：子女們錯了，因為天下沒有不是的父母。天下當真沒有不是的父母？我想連父母們自己都不好意思說：「我不會

做錯任何事，我是十全十美的。」

父母的占有欲太強，妄想對子女的婚姻、工作、學業和前途，一手包辦。出發點可能出自善意，但是帶給子女的傷害，往往一輩子都無可彌補。占有，極易加深親子之間的裂痕，造成彼此難以逾越的鴻溝。子女一旦不快樂，做父母的還會快樂嗎？所以，父母們首先要承認子女是獨立的「個體」，具有獨立的人格、自尊。如此才會學習去了解子女、尊重子女，才會成功地教育子女，合理地管教子女。

了解父母「不該」占有子女的道理之後，我們應該再從父母根本就「無從」占有子女的角度來探討，如此才能叫天下父母真正死心，不再盲目無知地想占有子女。

人生無常，世事變化莫測。請看蘇東坡的〈水調歌頭〉：「天有不測風雲，人有旦夕禍福。」許多年輕的父母在大清早吻別了自己的心肝寶貝，看他們坐上娃娃車上學，誰會想到那竟是生離死別的最後一瞬？一通發生緊急事故的電話，常常把父母的一顆心震得四分五裂──手持聽筒，呆坐在客廳，驚慌得只會嚎啕大哭。

臺灣的高雄長庚醫院，設有兒童的專屬醫院，樓高十層，病床數百張。如果你抽空瀏覽一趟，你就會發現：天天都有病危的兒童躺在加護病房。房外，則不時可以看到跪倒在地，哭求醫生的父母：「請救救我的孩子，他是我們家三代單傳的寶貝，他、他絕不能死啊！」然而，那一個孩子又是該死？能死的？怪不得每一具從病房中

被抬往太平間的小屍體，後面總是跟隨著傷心欲絕的癡情父母。

可憐的癡情父母啊！如果你不能努力自我振作，試圖從占有的妄執中驚醒過來，那麼隨時隨地可能發生的喪子悲痛，必將無情地啃噬著你的骨、你的肉和你的心，像春蠶一樣，日夜不停地咬，讓你的血一點一滴地流。

不占有，才能使傷心的父母更勇敢地站起來。不占有，才不會使父母一味陶醉在往日的甜蜜之中，而好夢由來最易醒，隨即又要讓寂寞和冷淒緊緊地包圍著他們。

> 占有，使人對自己喪失判斷力與自信心；占有，使人活在恐懼與悲傷的深淵中，不克自拔；占有，使人聽不見林間的嚶嚶鳥鳴，聞不到山野幽蘭的芬芳；占有，使人封閉了心扉，再也透不進半縷陽光，使人的心長期地被潮濕與陰暗所占據。

占有與不占有，只在心的一念之間。人就只需要這麼一點頓悟，就能撥開滿天的雲霧，重新再尋回屬於自己的那一片藍天，那一分寧靜，那一點飄逸和那一絲恬淡。

二十五、無相布施

常聽到這麼一句話：「有能力助人是一種福氣。」又

說：「助人爲快樂之本。」事實又是如何呢？果真每個行善助人的都能得到「快樂」的回報嗎？我想未必吧？

「哼！早知道他那麼不懂感恩，當初就不該拉他一把，乾脆讓他垮掉算了。」

「這個人太寡義絕情，根本不知回饋，真是豬狗不如！」

聽到了沒？抱怨連連，不絕於耳，正訴說著這些好心助人者內心的不甘與不快。想過沒？好心助人卻惹來一肚子的怨恨，著實令人同情。可是我們除了同情之外，其實也是愛莫能助的呀！

很少有人會去冷靜探討：「助人卻得不到快樂」的原因所在。我們可以這麼肯定地下斷言：如何讓助人的善行得到快樂？它的真正答案只有從佛法中求，否則世俗只能給人一些似是而非的東西，不能讓這群「好心人」的心得到舒坦、喜悅與安慰。

有些人早已迫不及待，搶著要問：「佛法的標準答案又是什麼呢？」最直截了當的回答就是：「無相布施」。什麼叫無相布施？就是乾淨俐落、了無牽掛地幫助別人，而絲毫不存有要別人回報的心。

「無相布施」的內容，包括三個部分：(1)不念念不忘自己是「布施的人」──以免產生不必要的優越感，以爲自己是「善心人士」，對別人有恩，而有驕矜之氣。(2)不存有「他是接受我救濟的人」的觀念，以免產生鄙視之心。(3)對於自己所施捨給別人的「東西」，也不要記

掛在心，免得有捨不得的感覺。

《禮記》有一篇〈不食嗟來食〉，在臺灣長大受教育的人，幾乎無人不曉。文章中提到：齊國大飢，有一位善心人士叫黔敖，準備了食物和飲水，站在路邊對來往的飢民大叫：「嗟，來吃吧!」有個餓得半死的人，就為了自尊心受損——聽不慣黔敖略帶輕蔑口氣的招呼，因此賭氣不吃，竟然活活地給餓死了。

我們姑且這麼假設：黔敖如果能改換一種親切而恭敬的語氣：「各位鄉親父老，地方發生飢荒，請接受我的微薄供養，大家不用客氣……。」我想那一位愛面子的飢民，就不會為了賭氣而餓死了。

「無相布施」才能不求回報，才能超越得失，真誠地用歡喜心去施捨別人，去幫助別人。事後，才能享受到服務別人的快樂。

許多父母在生養子女時，常常不自覺地以為這是：一種沈重的負荷。年輕時，我也常自覺對子女負有「使命感」，含辛茹苦，從無怨言。然而每當母親對我的孩子們說：「你們將來要孝順爸爸，他對你們可是盡了心也盡了力了呀!」這時我就會滿心困惑：「對呀! 我如此辛苦，又是為了什麼? 為誰辛苦為誰忙? 如果他們長大後，各自分飛，我又情何以堪?」

專心學佛以後，我曾認真地問自己：「我憑什麼要指望孩子們報答我呢? 難道他們真的虧欠我什麼嗎?」

為了尋求答案，我跌入往事的回憶中……

我的兩個孩子——惟兒和晴兒，從小聰明伶俐，活潑可愛。他們滿周歲不久，就認得畫冊中的六十多種動物。我常帶他們到我上課的班上，讓他們坐在講桌上，由全班同學輪流發問——指著畫冊，考考他們對不同的動物是否認知有誤。孩子們也從不讓我漏氣，每一次都能應答如流，而且從不出錯。可叫我這做爹的，得意非凡。

　　上幼稚園以後，他們就能說一口流利的簡單英語會話。我仍然「本性難移」，一找到機會，就非讓他們表演一番不可。當然囉，孩子們的賣力演出，經常贏得熱烈的掌聲，而我更是與有榮焉。

　　孩子們赴美以後，我每一次應邀到美國演講，無論是到洛杉磯、紐約、休斯頓，我經常帶他們同行。在演講時，我都會在有意無意間介紹他們出場，讓他們即席背一段「大悲咒」、「金剛經」、「普門品」或「八大人覺經」。當然眾人免不了會嘖嘖稱羨，而令我最感快慰的，還是自以為「教子有方」的得意。

　　我細細地回想這二十多年來，孩子們從小到大，不知道有多少次權充我的「表演工具」：我安排他們到處作秀，從臺灣到美國，從教室到佛堂。他們是如此盡力而稱職，讓他們的老爸享受到無比的「榮耀」——就算是虛榮假譽也罷。可是，我又何曾付給他們演出的「酬勞」呢？沒，沒有呀！我沒付過一次，也沒付過半文錢呢。諸君，請你們幫我算一算：是我該付給孩子？還是孩子

該付給我？其實不必精打細算，就可以得到答案：孩子根本不欠我，他們終其一生不必爲父親償還任何東西。

　　自從透過佛法——「無相布施」的啟發，因而體會出這番道理之後，我對孩子們湧生更多的感激，父子之間反而自然加多了親密之情。彼此不相欠，倒落得更加輕鬆自在呢。

　　　　無相布施——使人與人間，是基於無私的同類愛，
　　　　才相互扶持與施惠。
　　　　無相布施——使施者不會覺得損失了什麼；也讓
　　　　受施者不自慚自愧，更不會覺得自己的人格、自
　　　　尊受損。
　　　　無相布施——使施者快樂，讓受施者喜悅。更使
　　　　「布施」這件事，變成心甘情願，也變成輕鬆而
　　　　無壓力。
　　　　無相布施——不分你我，從中根本就找不到誰是
　　　　施者，誰是受者，更找不到施捨之間的「物」。
　　　　無相布施——使人樂以行善，使人忘了自己在行
　　　　善，也忘了自己是在行施的善人。除外，更看不
　　　　到別人在接受我們的施捨。
　　　　無相布施——沒有對立，沒有差別，有的只是平
　　　　等，有的只是大慈與大悲。

　　懂得無相布施，才算眞正跨出修行的第一步；實踐

無相布施，才算掘開佛法的珍貴寶藏；體悟無相布施，
才算眞正品嘗到修行的滋味。

結　　論

　　今日的社會，表面上繁華熱鬧，舉目所見都是高樓
大廈，拔地擎天。然而，蝸居其中的，卻是一群內心徬
徨空虛的人。再看：南北高速公路上，日夜來往奔馳的
車流，其中不乏身價非凡的名車。然而車子的主人，雖
緊握著方向盤，卻對人生的目標根本茫然無知。君不見
入夜之後，各個城市繁弦急管，紅燈綠酒，但聞笙歌處
處，徹夜不停？然而喝得酩酊大醉的人們，在狂歡之後
卻只得回到寂寞的家，淒涼地守著一夜的冷清；而更有
甚者，竟然有人找不到回家的路，只能暫泊路旁，窩在
自己的車上熬過一夜。

　　活在現代的人，確實是有點無奈和愁苦的，因爲現
代的人生具有如下的特質：

1. 徬徨無主的空虛
2. 欲壑難塡的苦悶
3. 親情日疏的悲哀
4. 道德淪喪的澆薄
5. 勾心鬥角的緊張

6. 生死茫茫的恐懼

7. 浮生若夢的淒涼

8. 顛倒妄想的迷信

9. 患得患失的焦慮

10. 全盤否定的失落

　　現代的人生充滿著這麼多的煩惱，實在叫人心灰意冷，也叫人難以忍受。所幸，近年來佛教有日益復甦的現象，知識分子的普遍覺醒──重新肯定佛法的入世價值，重新認識佛法的出世精神。它的博大精深與慈悲包容，在迷信充斥與暴力橫行的今日，正是一股冷冽清涼的泉水，沁人心扉，使人舒暢無比。

　　我們簡單地歸納佛教精神的內涵，剛好也可以列舉十項──能夠拿來跟前面十種現代人生的特質相互對照。換句話說：佛教的精神內涵適足以完全化解現代人生的苦悶，它們是：

1. 自主獨立的人格

2. 少欲無爲的中道

3. 有緣相聚的珍惜

4. 因果不爽的導引

5. 互助互信的合作

6. 超越生死的解脫

7. 轉迷成悟的設教

8. 如實照見的智慧

9. 一無所得的瀟灑

10.有破有立的圓融

兩千五百多年前,釋迦牟尼佛曾給世人偉大的啟示:人要透過自我的覺醒,才能掌握生命的意義,認清人生的方向。

佛陀告訴我們: 快樂與幸福在自己的心中, 並不在外頭, 所以人不能心外求法, 而必須反求諸己才行。如何才能不假外求? 就是要開發自己心中原本具足的大智能。透過切磋琢磨, 透過千錘百鍊, 透過反覆學習, 一旦學得覺悟本性的方法, 則當下豁然開朗。

曾經持著火把進入黝黑的山洞嗎? 原本伸手不見五指的地方, 一時之間, 黑暗被光明所驅逐, 滿室光亮。人的愚昧無明, 一旦被智慧所朗照, 同樣的也在瞬間一無所蔽, 心中毫無困惑煩惱。

袪除內在的愚昧無明, 是需要老師的指導, 卻不能依靠老師的代勞——其實老師也無從代勞。不信? 有人能替你吃飯? 或是替你跑洗手間嗎?

誰不嚮往覺悟的生活呢? 誰不憧憬解脫的境界呢? 覺悟的人生才能自在解脫。覺悟又是從何而來呢? 它來自般若 (智慧) 的觀照與引導, 不只是過去、現在的覺悟者 (佛) 憑藉般若成佛——一掃過去對宇宙人生道理的疑惑, 看清萬事萬物的本來面目; 未來的眾生 (包括我們在內), 也必須依靠般若來修行, 才能見性成佛。

所以《大智度論》說:「般若為諸佛母。」意思是說: 般若像母親, 能生養眾多的覺悟者(佛)。換句話說: 宇

宙間的所有佛陀都是透過般若的法門，才完成他們自我的充實教育，以及教化別人的工作。

由此可知：學佛首在學習佛的智慧。學得之後才能體念諸佛的慈悲、願力，再進一步效法他們的慈悲、願力，努力加以貫徹。

「學佛」並非盲目地模仿，必須要懂得正確的方法。所以學得正確的知見，永遠比外在的修行更重要。

「佛法難聞」——因爲百千萬劫難遭遇。有心學佛的有緣人，如果眞想把握這千載難逢的機會，就應該深入經藏，追隨良師益友，如法去修行。

學佛的人，不一定要等到來生才會得到快樂，而是今生立刻可以享受到心靈的舒坦——自由自在。如果不是這樣，人生又何貴乎有佛法？

> 自在地學佛——不矯情，不造作；不貪功，不求快；不標新，不立異。然後才能學到佛的「自在」——眞自由與眞解脫。

現代佛學叢書

為你介紹佛學常識,探討今日佛學的新意義

禪宗六變

顧偉康 著

本書將禪宗史分為達摩禪、東山禪、曹溪禪、南禪、宋元明清禪和當代禪六個階段,系統地描述了這「禪宗六變」的沿革,並力圖從禪宗發展的內在來探索其演化的理由。本書的最大特色,在對禪宗史上大量偽託的故事、著作的考證和「還原」,對禪宗史的追溯和詮釋,更迥異於以往的禪史成說。

禪淨合一流略

顧偉康 著

禪宗和淨土宗,由合而分、由分而合,幾乎可以涵蓋二千年中國佛教史的主流。本書從淨禪兩宗的共同出發點開始,從各自立宗到合流互補,分成六期,一一道來。除了分析其合分、分合的過程和依據外,對禪淨合一史上的重點人物和事件,都有翔實的闡述。

佛教史料學

藍吉富 著

面對難以數計的佛教文獻,一個佛教研究者該如何入門?如何應用?本書是專為佛教研究者所設計的史料學專書,先將各種常見的大藏經作實用性的分析,然後分別論述印度、中國(含西藏)等系佛教文獻的內容及特質;最後以實例說明佛典翻譯、版本、偽經與遺跡等項在佛教研究過程中的重要性。

現代佛學叢書

為你介紹佛學常識，探討今日佛學的新意義

臺灣佛教與現代社會　　江燦騰 著

作者以深入淺出的筆法，介紹臺灣佛教在現代社會中的變遷與適應，以及各種相關的佛教人物所扮演的角色。全書共分三輯：第一輯是佛教人物與社會變遷；第二輯是佛教信仰與文學創作；第三輯是佛教思想與現代社會生活，讓讀者接觸到當代臺灣佛教富饒的思想內涵，是兼顧知識性和趣味性的最佳佛教讀物。

菩提道上的善女人　　釋恆清 著

二千多年來的佛教史中，佛教婦女的努力和成就令人刮目相看，而近年來臺灣佛教蓬勃發展，佛教婦女扮演了舉足輕重的角色，更是有目共睹的事實。本書探究佛教的傑出善女人在男尊女卑的社會意識形態下如何力爭上游，克服百般障礙，發揮慈悲和智慧的特質，最後達到解脫自在。

人間佛教的播種者　　釋昭慧 著

本書是被譽為「玄奘以來不作第二人想」的一代高僧印順長老之傳記。長老畢生專力研究佛法，好學深思，睿智過人，發表質精而量多的論文著作，常獨發人之所未議；其思想一以貫之，不外乎是「人間佛教」四字。時至今日，推展「人間佛教」已是佛教界大多數人的共識，長老可謂是踽踽獨行的先知。

現代佛學叢書

為你介紹佛學常識，探討今日佛學的新意義

中村元 著
江支地 譯

慈 悲

本書以佛教觀念「慈悲」為中心，探討慈悲的歷史發展、行動性格等相關問題。視野廣闊，沒有時空、宗派限制及冗長的個人「說法」，是一部佛學的研究者、佛教徒研究「慈悲」觀念的好書。

佛學新視野

周慶華 著

本書旨在指出「對治現代化」是再度開展佛學研究最有遠景的取向。書中各章，有的直接表露用佛教對治現代化可以最見力道，有的先強化佛教本身的「功能」而間接導向對治現代化的道路，充分顯示作者對佛教未來發展的期望，而總題為「佛學新視野」。

道教與佛教

蕭登福 著

本書於道教對佛教的各種影響均加以論述：在哲理方面，如道教太極圖被唐代的宗密拿來解釋佛教唯識學、清代的行策用來說明禪宗的曹洞宗，甚至唐代禪宗的明心見性、頓悟成佛等，也都與老莊的思想有關；在儀軌及習俗方面，道教的符印、星斗崇拜、安宅、葬埋等，也都曾對佛經有所影響，常被佛經所襲用。

現代佛學叢書

為你介紹佛學常識，探討今日佛學的新意義

宋儒與佛教

蔣義斌 著

本書由山林佛教的建立，討論宋儒在山林間講學、建立書院的現象；從佛教與宋儒賦予蓮花、芭蕉的意含，說明宋儒受到佛教影響，而又不同於佛教的複雜情況；並比較佛教的「大雄」、「大丈夫」與二程的「豪雄觀」，展現儒佛理想人格的差異，呈現出宋儒與佛教對話的「錯綜複雜」關係。

唐代詩歌與禪學

蕭麗華 著

本書選取中國文學精華代表的唐詩，配合禪宗發展的歷史，分析詩歌與禪學交互作用下的唐代文學面貌。全書以詩禪交涉為主要路線，以重要禪法及重要詩人如王維、白居易等為觀察重點，並分別突顯唐詩在禪學影響下的多層側影，特別是宴坐文化、維摩信仰、宦隱朝隱觀念及以禪入詩、以詩示禪或以禪喻詩等問題。

禪與美國文學

陳元音 著

美國文學中有禪嗎？美國有禪文學嗎？本書提供了嶄新且有學術根據的答案，所涉獵的作家有愛默生、梭羅、惠特曼、霍桑、梅爾維爾、馬克吐溫、海明威，以及近代禪文學作家如史耐德、與沙林傑等人。採「以觀釋經」觀照實相之法解讀美國文學與禪學之間的因緣，是本書絕無僅有的特色，相當值得一讀。

現代佛學叢書

為你介紹佛學常識，探討今日佛學的新意義

學佛自在

林世敏 著

佛學的卷帙浩繁，理論深奧，初學者常只能徘徊在佛學門外，不能一窺它的富麗。本書從佛學的觀點，活用佛學的內容，試圖提出一條用佛學來做人處世、來品嚐生活、來揭示生命意義的方法。其文筆輕鬆，禪意盎然，深入淺出，最適合一般社會大眾閱讀。

濟公和尚

賴永海 著

濟公的傳奇事跡，早已廣為流傳並為世人所熟知，但以往有關濟公的作品，多側重於描述其「酒中乾坤」、「瘋顛濟眾」的一面，未能揭示出其中所蘊涵的禪學思想。本書不但對濟公富傳奇色彩的一生及其禪學思想，進行了生動的描述和深入的剖析，更揭示了濟公在其「顛僧」背後所蘊涵的深刻禪意。

達摩廓然

郗家駿 著

本書係解析禪宗公案之書，每篇先以白話簡譯逐行導入禪公案的心靈世界，繼而對於公案人物的對話，作前後有序、首尾一貫的解說，更希望能讓讀者全盤了解。解說內容除了釋、儒、道的理念，也引用密宗及武術的概念。所使用的文字有高深的經論，也有俚語、俗語，甚至英語，以求容易了解，為本書最大特色！

現代佛學叢書

為你介紹佛學常識，探討今日佛學的新意義

佛性思想

釋恆清 著

　　佛性（如來藏）思想由印度流傳至中國，經過千餘年發展，對中國佛教有深遠的影響，如天台宗、華嚴宗、禪宗等都是建立在佛性的思想上。本書包括印度佛教中有關佛性思想之經論研究、《大乘起信論》的心性說探討、初唐性宗和相宗關於「一性」、「五性」的爭辯，最後則從天台宗主張草木有性談到現代深層生態學，以論證佛性說可為現代生態學的哲理基礎。

天台性具思想

陳英善 著

　　本書是唐宋天台學的專著，扣緊著性具思想來論述，以「具」來凸顯唐宋天台學的特色；亦以「具」來顯示宋山家山外論爭之所在；更以「具」來呈現山家徒子徒孫對其師祖知禮思想的反省；同時也點出了天台智者的「緣起中道實相」思想至唐宋時已轉變為「性具」思想。書中對唐宋天台宗重要人物之思想皆有詳備的論述，尤其注重彼此思想間的關連性來探索問題。

中國華嚴思想史

木村清孝 著
李惠英 譯

　　本書是深入淺出的華嚴研究之入門書，由思想史的觀點，來探討《華嚴經》在中國的傳播，內容包括華嚴經類的翻譯與研究，思想史的變遷及最新資料的介紹。作者並在文中詳加區分「華嚴思想」和「華嚴教學」的不同，並進一步探討兩者在中國的流變，此為全書最大特色。

現代佛學叢書

為你介紹佛學常識，探討今日佛學的新意義

淨土概論　　　　　　　　　釋慧嚴 著

　　本書分教理、教史兩篇：上篇教理是根據般若系統的經論及淨土三經，介紹淨土的原義、淨土與極樂世界等方面；下篇教史則循繹彌陀淨土教在中國流傳的經緯，說明它是在漢族文化土壤上衍生出的信仰。行文深入淺出，必有助於讀者對淨土宗思想的認識與了解。

佛學與當代自然觀　　　　　李日章 著

　　本書以當代物理學與哲學印證佛學對世界的一貫看法，如「緣起性空」、「萬法唯識」、「諸行無常」等等。而懷德海與羅素的論述，則可視為佛學在宇宙論與認識論上的同調。兩人的論述除了與佛學互相發明，更可彌補其不足。

中國末代禪師　　　　　　　陳慧劍 著

　　虛雲老和尚向被中國佛教界尊為「民國四大高僧」的首座。他雖非鳩摩羅什、玄奘三藏因譯經、取經為中國佛教綻出繁花碩果，也非道生、達摩能為中國佛教思想建立一片新天地；但他在中國佛教的末法時代肩負興滅繼絕的大任，堪稱出乎其類、拔乎其萃的佛家巨擘，絕非一般僧侶差可比擬！